创业团队权力层级与新创企业绩效关系研究

基于结构权变的视角

New Venture Team Power Hierarchy and
New Venture Performance
A Structural Contingency Perspective

冯雯 著

中国社会科学出版社

图书在版编目（CIP）数据

创业团队权力层级与新创企业绩效关系研究：基于结构权变的视角 / 冯雯著. -- 北京：中国社会科学出版社，2024.10. -- ISBN 978-7-5227-3753-9

Ⅰ . F272.9；F272.5

中国国家版本馆 CIP 数据核字第 20240FX310 号

出 版 人	赵剑英	
责任编辑	黄 晗	
责任校对	季 静	
责任印制	张雪娇	
出　　版	中国社会科学出版社	
社　　址	北京鼓楼西大街甲 158 号	
邮　　编	100720	
网　　址	http://www.csspw.cn	
发 行 部	010-84083685	
门 市 部	010-84029450	
经　　销	新华书店及其他书店	
印　　刷	北京君升印刷有限公司	
装　　订	廊坊市广阳区广增装订厂	
版　　次	2024 年 10 月第 1 版	
印　　次	2024 年 10 月第 1 次印刷	
开　　本	710×1000　1/16	
印　　张	13	
插　　页	2	
字　　数	183 千字	
定　　价	88.00 元	

凡购买中国社会科学出版社图书，如有质量问题请与本社营销中心联系调换
电话：010-84083683
版权所有　侵权必究

出 版 说 明

为进一步加大对哲学社会科学领域青年人才扶持力度，促进优秀青年学者更快更好成长，国家社科基金 2019 年起设立博士论文出版项目，重点资助学术基础扎实、具有创新意识和发展潜力的青年学者。每年评选一次。2022 年经组织申报、专家评审、社会公示，评选出第四批博士论文项目。按照"统一标识、统一封面、统一版式、统一标准"的总体要求，现予出版，以飨读者。

全国哲学社会科学工作办公室

2023 年

摘　　要

　　层级化还是扁平化的创业团队权力结构更有利于新创企业绩效？关于这一问题，实践界的创业者和投资人以及学术界的研究者长期持有截然相反的两种观点。他们认为，权力层级会对创业团队运行以及新创企业绩效带来积极与消极的影响：一方面，它有利于促进团队协作，并调和不同成员之间分歧的观点；另一方面，它会抑制低权力成员异质性观点的表达，阻碍多样化信息的整合。通过整合结构权变理论以及权力层级的功能主义和功能障碍主义视角，我们发现以往关于创业团队权力层级与新创企业绩效关系的研究在以下几个方面存在不足。第一，通常探讨创业团队权力层级的主效应，而忽略了潜在的权变因素，尤其是多种权变因素之间的复合作用对创业团队权力层级与新创企业绩效关系的影响；第二，没有打开创业团队权力层级作用于新创企业绩效的"黑箱"，忽略了创业团队权力层级的权变作用与新创企业绩效之间的过程机制；第三，仅探讨层级强度的效应，默认创业团队权力层级结构通常表现为金字塔形，忽略了不同的创业团队权力层级构型可能对战略决策及新创企业绩效带来的影响。

　　从上述现实背景和理论问题出发，我们基于结构权变理论与权力层级相关文献构建了一个以创业团队权力层级与新创企业绩效关系为核心的整合性权变理论框架，并开展了三个系列实证研究进行检验。

　　子研究一探究了创业团队权力层级何时促进或抑制新创企业绩

效。为此，我们基于结构权变理论构建了一个创业团队权力层级与新创企业绩效关系的复合权变机制概念模型，并以来自全国中小企业股份转让系统（新三板）中的 285 家互联网新创企业 5 年的面板数据（共计 460 个观测值）及 16 场针对样本企业创业团队成员的半结构化访谈数据来检验模型中的假设关系，结果显示所有假设均得到了支持。更具体地说，我们提出并发现当创业团队同质性（职能背景同质性与共同团队经历）低时，创业团队权力层级对新创企业绩效有积极影响；当创业团队同质性高时，创业团队权力层级对新创企业绩效有消极影响。并且，在一个异质（同质）的创业团队中，当权力持有者拥有更多的创业经历时，创业团队权力层级对新创企业绩效的积极（消极）影响会更加强烈。

子研究二探讨了创业团队权力层级的权变作用通过何种过程机制影响新创企业绩效。基于结构权变理论、权力层级和双元学习相关文献，我们构建了一个创业团队权力层级与新创企业绩效关系的学习过程机制模型。以来自杭州的 86 家新创企业的 248 位创业团队成员的问卷调查数据为样本，采用轮转法及多来源设计来检验模型中的假设关系，我们发现新冠疫情事件强度调节了创业团队权力层级与探索式学习、利用式学习以及与新创企业绩效之间的关系。当新冠疫情事件强度高时，创业团队权力层级对探索式学习、利用式学习以及新创企业绩效有积极影响；当新冠疫情事件强度低时，创业团队权力层级对探索式学习、利用式学习以及新创企业绩效的影响均不显著。此外，我们发现探索式学习和利用式学习均积极影响新创企业绩效，但是没有证实探索式学习和利用式学习在创业团队权力层级和新冠疫情事件强度的交互与新创企业绩效的关系中起中介作用。

子研究三考察了创业团队权力层级构型如何通过影响新创企业战略决策进而影响新创企业绩效。以结构权变理论和权力层级相关文献作为理论基础，我们构建了一个创业团队权力层级构型与新创企业绩效关系的战略决策机制概念模型。以来自深圳证券交易所创业板上市的 363 家新创企业 9 年的面板数据（共计 1277 个观测值）为样本，我们发现相比于倒金字塔形的权力层级，金字塔形的创业团队权力层级会积极影响新创企业的研发投资决策。并且，这种积极效应会随着层级稳定性和组织冗余的降低而更加强烈。此外，研发投资决策在金字塔形的创业团队权力层级与新创企业绩效之间的关系中起中介作用。

基于上述发现，本研究有若干理论意义。首先，本研究结果对于理解创业团队权力层级与新创企业绩效关系提供了新的权变视角，揭示了权力持有者创业经历、创业团队同质性、层级稳定性以及组织冗余、新冠疫情事件强度等内外部权变因素所起到的关键性作用。其次，我们打开了创业团队权力层级的权变作用与新创企业绩效关系之间的"黑箱"，揭示了探索式学习、利用式学习两种学习过程机制以及研发投资决策这一战略决策机制在其中发挥的作用。最后，我们在探索权力层级强度效应的基础上，比较了不同的创业团队层级构型（金字塔形与倒金字塔形）对战略决策及新创企业绩效的影响，推动了权力层级相关文献的发展。

此外，本研究还为创业者如何设计创业团队的权力结构提供了实践启示。集中的权力结构能提升创业团队集体决策的效率，但是不利于整合所有成员的多样化观点。并不存在一个适合所有创业团队的最佳权力结构；为了追求最优绩效，权力结构必须与创业团队所面临的权变因素相匹配。在设计垂直维度的权力分布时，创始人应该同时考虑水平维度的团队构成、核心创业者的相关特征以及组织和外部环境中的约束条件，以确保采用最合适的权力结构。最后，我们总结了本研究存在的若干局限，并对此提出了一些可能的未来研究方向。

关键词：创业团队；权力层级；新创企业绩效；结构权变理论；轮转法设计

Abstract

Which is the more effective new venture team (NVT) power structure for new venture performance, a hierarchical or flat one? There has been a long-lasting debate among both practitioners and researchers over whether NVT hierarchy is beneficial or detrimental to new venture performance. They believe power hierarchy has the potential to both benefit and harm the functioning of new venture teams and hence new venture performance. NVTs with centralized power structures have been found to behave more efficiently in their coordination and conflict resolution, but have troubles in integrating the whole team's diverse perspectives. Integrating structural contingency theory with the functional and dysfunctional perspectives of power hierarchy, we find that past research on the relationship between NVT power hierarchy and new venture performance has three main limitations: first, it emphasizes on the main effect of NVT power hierarchy, but ignores its contingent nature, especially the role of the interplay among multiple contingent factors; second, it fails to uncover the "black box" of the effect of NVT power hierarchy on new venture outcomes, thus overlooks the mediating mechanisms of the NVT power hierarchy's contingent effect on new venture performance; third, it usually discusses the effect of NVT power hierarchy strength, assumes NVT power hierarchy is shaped as a pyramid, but overlooks the effects of alternative configurations of NVT power hierarchy on strategic decision-making and new venture performance.

Against the above-mentioned practical and theoretical background, we propose a comprehensive contingency framework focusing on the relationship between NVT power hierarchy and new venture performance based on structural contingency theory and the literature on power hierarchy. We then conduct three studies to empirically test our hypothetical model.

Study 1 explores when new venture team power hierarchy enhances or impairs new venture performance. Based on structural contingency theory, we establish a conceptual framework on the multiple contingency factors of new venture team power hierarchy. Hypotheses proposed in the framework are then tested based on a five-year panel data of 285 new Internet ventures listed on the National Equities Exchange and Quotations (NEEQ) in China combined with qualitative fieldwork. Results show that all of our hypotheses are supported. Specifically, we find that the effect of NVT power hierarchy on new venture performance is positive when NVT homogeneity (as indicated by functional background homogeneity and shared team experience) is low but negative when NVT homogeneity is high. Furthermore, this positive (negative) effect under low (high) NVT homogeneity is strengthened by the powerholder's prior founding experience.

Study 2 explores how and when NVT power hierarchy facilitates new venture performance. Based on structural contingency theory, the literature on power hierarchy and ambidextrous learning, we establish a conceptual framework on the learning mechanisms underlying the contingent role of NVT power hierarchy. Hypotheses proposed in the framework are then tested employing data collected from 248 members from 86 NVTs with the round-robin multiple-source design. Results show that most of our hypotheses are supported. Specifically, we find that the strength of COVID – 19 event moderates the effect of NVT power hierarchy on explorative learning, exploitative learning and new venture performance. That is, the effect of

NVT power hierarchy on explorative learning, exploitative learning and new venture performance is positive when the strength of COVID – 19 event is high but insignificant when it is low. Furthermore, explorative learning and exploitative learning both positively influence new venture performance. However, the mediating effects of explorative learning and exploitative learning in the relationship between NVT power hierarchy and new venture performance are not supported.

Study 3 further examines how power configurations of NVTs are associated with strategic decision-making and new venture performance. Drawing on the structural contingency theory and literature on power hierarchy, we establish a conceptual model on the strategic decision-making mechanism in the relationship of NVT power hierarchy configuration and new venture performance. Based on a nine-year panel data of 363 new ventures with 1277 observations listed on the Growth Enterprises Market (GEM) in China, we find that compared with the inverse pyramid, a pyramid-shaped NVT power hierarchy has a positive effect on new venture R&D investment decision, and this positive effect will be weakened by hierarchy stability and organizational slack. Moreover, R&D investment decision mediates the relationship between pyramid-shaped NVT power hierarchy and new venture performance.

Theoretically, findings in this study contribute to the literature in the following aspects. First, in terms of NVT research, our findings provide insight into the contingency roles of the powerholder's prior founding experience, NVT homogeneity, hierarchy stability, organizational slack and the strength of COVID – 19 event in explaining whether NVT power hierarchy improves or hurts new venture performance. Second, we uncover the "black box" of the effect of NVT power hierarchy on new venture performance by identifying the learning mechanisms (i.e., explorative learning and exploitative learning) of NVT power hierarchy's contingent effect on new venture performance. Third, by extending the literature on power hierarchy, our study compares the effects between different configurations of power hierarchy (i.e., pyramid versus inverse pyramid) on the NVT strategic decisions about R&D investment and new venture performance.

Practically, this study also contributes to new venture team management, especially on how entrepreneurs should design power structures to achieve optimal new venture performance. A centralized power structure can improve the efficiency of collective decisionmaking, but at the expense of integrating all members' diverse perspectives. There is no one best power structure for all NVTs; instead, an NVT whose power structure suits the contingencies of its situation performs better. When designing vertical power distribution, founders should also consider the horizontal team composition, the powerholder's characteristics, internal and external situational requirements of the organization to ensure the most appropriate power structure is implemented. In the end, we also pinpoint the limitations of this study and propose our suggestions for future research.

Keywords: new venture team; power hierarchy; new venture performance; structural contingency theory; round-robin design

目 录

第一章 绪论 ……………………………………………………（1）
    第一节 研究背景 ………………………………………………（1）
    第二节 研究问题 ………………………………………………（3）
    第三节 研究创新点 ……………………………………………（5）
    第四节 章节安排与技术路线 …………………………………（8）

第二章 文献综述 ………………………………………………（12）
    第一节 团队层级的概念内涵…………………………………（16）
    第二节 团队层级的作用机制：功能主义和功能障碍主义
           视角的"对立" ……………………………………（20）
    第三节 团队层级的作用后果：多维效标的差异化效应……（23）
    第四节 团队层级作用的权变因素：功能主义和功能
           障碍主义视角的调和……………………………（27）
    第五节 创业团队情境下的权力层级研究进展………………（29）
    第六节 现有创业团队权力层级研究的不足…………………（44）
    第七节 创业团队权力层级研究有待进一步研究的方向……（46）

第三章 主要研究框架……………………………………………（49）
    第一节 创业团队权力层级与新创企业绩效关系的复合
           权变机制研究……………………………………（50）

第二节　创业团队权力层级与新创企业绩效关系的学习
　　　　　过程机制研究……………………………………………（53）
　　第三节　创业团队权力层级构型与新创企业绩效关系的
　　　　　战略决策机制研究………………………………………（54）

**第四章　创业团队权力层级与新创企业绩效关系的复合
　　　　权变机制研究**………………………………………………（56）
　　第一节　问题提出：创业团队权力层级何时促进或抑制
　　　　　新创企业绩效？…………………………………………（56）
　　第二节　理论基础和假设提出………………………………………（59）
　　第三节　研究方法……………………………………………………（66）
　　第四节　研究结果……………………………………………………（70）
　　第五节　讨论与小结…………………………………………………（87）

**第五章　创业团队权力层级与新创企业绩效关系的学习
　　　　过程机制研究**………………………………………………（93）
　　第一节　问题提出：创业团队权力层级的权变作用如何
　　　　　影响新创企业绩效？……………………………………（93）
　　第二节　理论基础和假设提出………………………………………（94）
　　第三节　研究方法 …………………………………………………（100）
　　第四节　研究结果 …………………………………………………（105）
　　第五节　讨论与小结 ………………………………………………（113）

**第六章　创业团队权力层级构型与新创企业绩效关系的
　　　　战略决策机制研究** ………………………………………（118）
　　第一节　问题提出：创业团队权力层级构型如何影响
　　　　　新创企业绩效？ ………………………………………（118）
　　第二节　理论基础和假设提出 ……………………………………（121）
　　第三节　研究方法 …………………………………………………（127）

第四节　研究结果 …………………………………………（130）
　　第五节　讨论与小结 ………………………………………（138）

第七章　综合讨论与结论 ……………………………………（143）
　　第一节　主要研究发现 ……………………………………（144）
　　第二节　理论意义 …………………………………………（146）
　　第三节　实践意义 …………………………………………（150）
　　第四节　局限与展望 ………………………………………（152）
　　第五节　本书结论 …………………………………………（156）

附录1　子研究一：访谈提纲 ………………………………（157）

附录2　子研究二：问卷测量 ………………………………（159）

参考文献 ………………………………………………………（161）

索　引 …………………………………………………………（186）

后　记 …………………………………………………………（189）

Contents

Chapter 1 Introduction ·· (1)
   Section 1   Research Background ································ (1)
   Section 2   Research Question ··································· (3)
   Section 3   Contribution ·· (5)
   Section 4   Chapter Arrangement ································ (8)

Chapter 2 Literature Review ·· (12)
   Section 1   Concept of Team Hierarachy ························· (16)
   Section 2   Mechanism of Tteam Hierarchy: Debate between
             Functionalism and Dysfunctionalism ················ (20)
   Section 3   Outcome of Team Hierarchy: Differentiated
             Effects on Various Outcomes ······················ (23)
   Section 4   Contingency Factors of Team Hierarchy's Effect:
             Integration of Functionalism and Dysfunctionalism ··· (27)
   Section 5   Power Hierarchy Research in New Venture Team
             Context ·· (29)
   Section 6   Limitation of New Venture Team Power Hierarchy
             Research ··· (44)
   Section 7   Future Direction of New Venture Team Power
             Hierarchy Research ································· (46)

Chapter 3	**Overarching Framework**	(49)
Section 1	Multiple Contingencies of New Venture Team Power Hierarchy and New Venture Performance	(50)
Section 2	Learning Mechanism of New Venture Team Power Hierarchy and New Venture Performance	(53)
Section 3	Strategic Decision-Making Mechanism of New Venture Team Power Hierarchy Configuration and New Venture Performance	(54)
Chapter 4	**Multiple Contingencies of New Venture Team Power Hierarchy and New Venture Performance**	(56)
Section 1	Research Question: When Does New Venture Team Power Hierarchy Enhance or Impair New Venture Performance?	(56)
Section 2	Theoretical Background and Hypotheses	(59)
Section 3	Method	(66)
Section 4	Result	(70)
Section 5	Discussion and Conclusion	(87)
Chapter 5	**Learning Mechanism of New Venture Team Power Hierarchy and New Venture Performance**	(93)
Section 1	Research Question: How Does New Venture Team Power Hierarchy Affect New Venture Performance?	(93)
Section 2	Theoretical Background and Hypotheses	(94)
Section 3	Method	(100)
Section 4	Result	(105)

Section 5　Discussion and Conclusion ……………………（113）

Chapter 6　Strategic Decision-Making Mechanism of New Venture Team Power Hierarchy Configuration and New Venture Performance …………………（118）
Section 1　Research Question: How Does New Venture Team Power Hierarchy Configuration Affect New Venture Performance? ……………………（118）
Section 2　Theoretical Background and Hypotheses …………（121）
Section 3　Method ……………………………………………（127）
Section 4　Result ………………………………………………（130）
Section 5　Discussion and Conclusion ………………………（138）

Chapter 7　General Discussion and Conclusion ……………（143）
Section 1　Main Findings ……………………………………（144）
Section 2　Theoretical Contribution …………………………（146）
Section 3　Practical Implication ………………………………（150）
Section 4　Limitation and Future Direction …………………（152）
Section 5　Conclusion …………………………………………（156）

Appendix 1　Study 1: Interview Outline ……………………（157）

Appendix 2　Study 2: Survey Items …………………………（159）

References ……………………………………………………（161）

Index …………………………………………………………（186）

Postscript ……………………………………………………（189）

第一章

绪　　论

第一节　研究背景

2020年10月15日，李克强总理在全国大众创业万众创新活动周启动仪式上指出，在新冠疫情和世界经济衰退冲击下，我国经济能够稳住基本盘、较快实现恢复性增长，上亿市场主体的强大韧性发挥了基础支撑作用。他强调，创业创新是国家赢得未来的基础和关键。"双创"由"众"而积厚成势，因"创"而破茧成蝶。要尽心支持每一次创业，悉心呵护每一个创新，使更多创意在碰撞中结出成果、让更多创业者靠奋斗人生出彩，激励越来越多的人勇于创业、善于创新。2021年6月22日，李克强总理主持召开国务院常务会议，强调"十四五"时期要纵深推进"双创"，更大激发市场活力促发展、扩就业、惠民生。2022年3月5日，李克强总理在政府工作报告中再次指出，今年要深入开展大众创业、万众创新，增强"双创"平台服务能力。

响应政府"双创"的号召，近年来中国的创业热潮中涌现了一批杰出的新创企业和创业者。人们在评价一家新创企业时，通常会将其成功归功于核心创始人的英明决断。然而在现实中，绝大多数新创企业的创建和发展都离不开创业团队的共同奋斗（Klotz et al.,

2014）。Beckman（2006）发现其研究样本中90%的新创企业都是由团队而非个人创立的。创业团队指对新创企业的战略决策和经营管理负责的几位核心管理者所组成的团队（Klotz et al.，2014）。近年来，大量的研究已经探讨了一支理想创业团队的构成要素。然而，为了追求最优创业绩效，在制定战略决策时，究竟应该将权力集中于核心创业者手中（Ensley et al.，2000；Snihur & Zott，2020）还是平等分布于创业团队成员之间（Chen et al.，2017；Ensley et al.，2006；Zhou，2016）却一直未有定论。权力集中于少数人手中的程度被称为权力层级（Bunderson et al.，2016），在权力层级中位置更高的人往往能获得他人的顺从，并能在集体决策过程中施加更多的影响力（Magee & Galinsky，2008）。

权力层级对创业团队内部互动与集体决策有着重要影响，并且有可能影响新创企业的经营结果。不过，权力层级的作用也是一把双刃剑。以往研究表明，集权式的创业团队在做决策时更高效，因而也能取得更好的绩效（Breugst et al.，2015；Hellmann & Wasserman，2017）。著名投资人丛真（2015）表示，"平均分配的情况在现阶段的中国，我是不看好的。创业初期，战争之雾还没有消除，前方充满未知，团队需要一个绝对的决策者，一个最实质的利益相关者，一个值得托付和追随的精神领袖，这三个角色，最好是同一个人。绝对控股的地位可以从主观和客观上锁定和强化这个地位"。然而，也有研究发现创业团队权力层级可能会阻碍团队成员之间的信息加工，因而会削弱新创企业绩效（Hendricks et al.，2019；Kroll et al.，2007）。奇虎360创始人周鸿祎（2016）表示，"一个孤胆英雄，一个人独揽大局，就算他再强，但总是'一言堂'，一个人的决策难免有失偏颇，这种团队也很难成功"。研究者和创业者们这些截然相反的观点告诉我们，创业团队权力层级在新创企业中的作用仍有待进一步探讨。与此同时，研究这一理论问题能够为创业者们提供一些关于创业团队权力结构设计的实践启示。

通过整合结构权变理论（Burns & Stalker，1961；Donaldson，2001）和权力层级的相关文献（Anderson & Brown，2010；Greer et al.，2018；Magee & Galinsky，2008），我们发现以往关于创业团队权力层级与新创企业绩效关系的研究在以下三个方面存在不足。第一，通常探讨创业团队权力层级的主效应，忽略了潜在的权变因素，尤其是多种权变因素之间的复合作用对创业团队权力层级与新创企业绩效关系的影响；第二，没有打开创业团队权力层级作用于新创企业绩效的"黑箱"，忽略了创业团队权力层级的权变作用与新创企业绩效之间的过程机制；第三，仅探讨层级强度的效应，默认创业团队权力层级结构通常表现为金字塔形，忽略了不同的创业团队权力层级构型可能对战略决策及新创企业绩效带来的影响。

从上述现实背景和理论问题出发，本研究基于结构权变理论与权力层级相关文献构建了一个以创业团队权力层级与新创企业绩效关系为核心的整合性权变理论框架，并开展了三个系列实证研究进行检验。

第二节 研究问题

本研究将紧密地围绕结构权变视角下创业团队权力层级和新创企业绩效关系这一核心问题展开，旨在探究创业团队权力层级是什么，它究竟何时促进或抑制新创企业绩效，有哪些权变因素会影响这一关系，以及创业团队权力层级的权变效应如何作用于新创企业绩效。具体地，本研究可以分解为以下三个子研究问题。

第一，创业团队权力层级何时促进或抑制新创企业绩效？在这个子研究中，我们提出了创业团队权力层级与新创企业绩效之间可能存在权变的关系。已有一些以往研究关注到了权力分配对于创业团队和新创企业运行的影响（Breugst et al.，2015；Foo et al.，

2006),它们的关注点主要集中在创业团队权力结构所直接产生的主效应上,发现层级化的权力结构有可能为创业团队及新创企业带来积极(Foo et al., 2006; Snihur & Zott, 2020)或消极(Breugst et al., 2015; Chen et al., 2017; Ensley et al., 2006; Zhou, 2016)的影响。然而,这些研究忽略了不同创业团队所面临的内外部情境不尽相同,因此权力层级与新创企业绩效之间或许并不存在一成不变的影响关系;相反,与特定情境因素相匹配的权力结构才能使创业团队取得最佳的绩效表现。结构权变理论(Donaldson, 2001)指出,组织或团队的结构(权力层级)与绩效之间并不存在绝对正确的二元线性关系,而是会受到情境权变因素的影响。因此,在不同的权变因素取值高或低的情况下,创业团队权力层级与新创企业绩效之间会呈现截然相反的作用关系。在子研究一中,我们基于结构权变理论来探讨创业团队权力层级在何种情境下促进或抑制新创企业绩效。

第二,创业团队权力层级的权变作用如何影响新创企业绩效?在这个子研究中,我们提出创业团队权力层级的权变作用可能通过影响团队的探索式学习与利用式学习过程进而影响新创企业绩效。早期关于创业团队的研究大多从高阶梯队理论视角(Hambrick, 1995)出发,直接把创业团队特征与新创企业后果相关联,并未揭示这一因果关系之间的作用机制(Beckman, 2006; Kroll et al., 2007; McGee et al., 1995)。此外,权力层级领域也有许多研究是基于运动团队或高管团队的二手数据分析,因而在实证方法上难以对权力层级作用于团队后果的过程机制进行深入的刻画(Fredrickson et al., 2010; Halevy et al., 2012; He & Huang, 2011)。理论层面上,采用结构权变理论的实证研究通常也未能解释权变因素与结构之间的交互作用于团队绩效的过程机制(Hollenbeck et al., 2002)。这样一来,我们就难以解析创业团队权力层级与权变因素之间的匹配是如何影响创业团队互动过程并最终促进或抑制新创企业绩效这一问题。正如Klotz et al.(2014)所指出的,仅仅将创业团队特征作为自变量,新创企业后果作为因变量，研究二者之间的直接效应已经远远不够，未来研究应充分探索这一效应中的潜在机制和情境因素。因此，研究创业团队权力层级—新创企业绩效之间权变关系的潜在机制无论是理论意义还是实践意义都十分重大。在子研究二中，我们基于结构权变理论、权力层级和双元学习（He & Wong, 2004）相关文献发展了一个创业团队权力层级与新创企业绩效关系的学习过程机制模型，尝试回答这一问题。

第三，在子研究一和子研究二关于创业团队权力层级强度的探索之上，子研究三进一步考察了创业团队权力层级的构型如何通过影响新创企业战略决策进而影响新创企业绩效。以往创业团队权力层级研究主要聚焦于对比平等和不平等的权力结构之间的差异（Breugst et al., 2015；Hellmann & Wasserman, 2017；Snihur & Zott, 2020），并假设层级结构的形状为集中式的金字塔形，其中有价值的资源集中在一个或少数几个成员身上。但是，最新的权力层级研究已经发现了团队中可能存在其他的权力层级构型（Wellman et al., 2020；Yu et al., 2019）。例如，Wellman 等（2020）指出，在某些团队中，权力层级表现为倒金字塔形，即大多数成员拥有较高或中等权力，而只有少数成员拥有较低的权力。此外，在不同的任务权变因素下，金字塔形和倒金字塔形的权力层级对团队过程和结果具有截然相反的作用。以结构权变理论和权力层级相关文献作为理论基础，我们构建了一个创业团队权力层级构型与新创企业绩效关系的战略决策机制概念模型，比较了不同形状的创业团队权力层级结构对于研发投资决策和新创企业绩效的影响，并探讨了影响这一机制的相关权变因素。

第三节　研究创新点

本研究试图构建一个基于结构权变理论的研究框架，探究创业团队权力层级和新创企业绩效之间的关系。本研究的主要创新点体现在以下四个方面。

第一，本研究创新性地将权力层级研究引入创业团队情境，促进了创业团队研究与权力层级研究领域的相互融合与发展。相比传统工作团队，创业团队情境具有以下几点特殊性。首先，在激烈的竞争下抓住稍纵即逝的市场机遇要求创业团队有高效协作的能力，因此层级化的权力结构能够更好地满足这一需求。然而，瞬息万变的创业环境同时要求创业团队成员群策群力、集思广益、时刻保持充分的信息交换，从而做出最利于新创企业发展的战略决策。从这一角度出发，平等的创业团队权力结构似乎比层级化的权力结构更有优势。由此可见，创业团队面临的特殊情境凸显了层级功能主义与功能障碍主义视角之间的张力，因而为我们研究创业团队权力层级对新创企业的作用带来了挑战和机遇。其次，与高管团队等成熟组织中的工作团队相比，创业团队处于一种弱情境之中，即团队成员之间的互动较少受到组织中既定的制度、文化因素的影响。因此，创业团队的互动和行为会对新创企业后果带来更加直接的影响（Hmieleski & Ensley，2007；Klotz et al.，2014），从而更有利于我们观测创业团队权力层级与新创企业绩效之间的关系。

第二，基于结构权变理论，本研究结果为理解创业团队权力层级与新创企业绩效之间的关系提供了新的视角，揭示了权力持有者创业经历、创业团队同质性、层级稳定性以及组织冗余、新冠疫情事件强度等内外部权变因素所起到的关键性作用。虽然缺乏直接的检验，但以往研究已有一些证据表明，创业团队权力层级与新创企业绩效之间可能存在权变的关系。例如，虽然权力通常在创业团队成员中不均等分布（Cooney，2005）或集中在一位核心创业者手中（Ensley et al.，2000），但是所有创业团队成员平分股权或共享领导职位会更好地整合集体智慧（Chen et al.，2017；Ensley et al.，2006；Zhou，2016）。Breugst et al.（2015）发现了创业团队股权差异的双刃剑效应：创业团队不均等的股权分配会降低公平感知进而消极影响团队互动，但会提高集体决策效率。根据结构权变理论（Burns & Stalker，1961；Donaldson，2001）和权力层级文献（Anderson & Brown，2010；Tarakci et al.，2016），本研究贡献于创业团队权力层级的利弊之间的争论。本研究认为不存在一种适用于所有创业团队的最佳权力结构，创业团队权力层级对新创企业绩效的影响取决于权力结构与内外部情境因素之间的匹配。本研究识别出了权力持有者创业经历、创业团队同质性、层级稳定性以及组织冗余、新冠疫情事件强度这一系列内外部权变因素，提出由于不同水平的权变因素对创业团队提出了不同的情境需求并影响着团队成员对权力层级的接受程度，因而会使得创业团队权力层级对新创企业绩效产生截然不同的效应。

第三，本研究打开了创业团队权力层级的权变作用与新创企业绩效关系之间的"黑箱"，揭示了探索式学习、利用式学习两种学习过程机制以及研发投资决策这一战略决策机制在其中发挥的作用。如前文所述，以往关于创业团队的研究大多从高阶梯队视角出发，直接把创业团队特征与新创企业后果相关联，并未揭示这一因果关系之间的作用机制（Beckman，2006；Kroll et al.，2007；McGee，Dowling & Megginson，1995）。然而，要获得更加具有理论和实践意义的研究结论以反哺创业管理实践，研究者们不应仅停留在探究创业团队特征与新创企业后果之间的直接效应，而要进一步通过 Inputs-Mediators-Outcomes（IMO）框架充分揭示这一效应中的潜在机制和情境因素（Klotz et al.，2014）。基于结构权变理论和权力层级相关文献，本研究设计刻画并实际检验了创业团队权力层级的权变作用如何通过影响团队互动的双元学习和战略决策过程作用于新创企业绩效，有望为创业团队研究领域从探索直接效应走向揭示过程机制提供一定程度的证据支持。

第四，本研究在探索权力层级强度效应的基础之上，比较了不同的创业团队层级构型（金字塔形与倒金字塔形）对战略决策及新创企业绩效的影响，推动了权力层级相关文献的发展。子研究一和子研究二均聚焦于创业团队权力层级的强度，采用以往研究最普遍的操作化定义集中度水平来刻画权力层级。在此基础之上，子研究三进一步探索创业团队权力层级的构型对创业团队权力层级与新创企业绩效的权变过程机制带来的影响。以往创业团队权力层级研究主要聚焦于对比平等和不平等的权力结构之间的差异（Breugst et al.，2015；Hellmann & Wasserman，2017；Snihur & Zott，2020），通常用二分的哑变量（平等或不平等的权力分布）来简单地刻画创业团队权力层级，因而未能深入区分探讨权力层级的具体构型。此外，传统的权力层级研究和结构权变理论通常假定团队权力层级的结构表现为集中式的金字塔形，其中有价值的资源集中在一个或少数几个成员身上（He & Huang，2011；Smith et al.，2006；Tarakci et al.，2016）。借鉴前沿的权力层级研究文献，本研究指出创业团队中可能存在除金字塔形之外的其他权力层级构型（Wellman et al.，2020；Yu et al.，2019）。例如，在某些创业团队中，权力层级表现为倒金字塔形，即大多数成员拥有较高或中等权力，而只有少数成员拥有较低的权力。进一步地，我们对比了金字塔形和倒金字塔形的权力层级对创业团队研发投资决策和新创企业绩效的不同影响，并发现了层级稳定性和组织冗余对这一影响关系的权变作用。

第四节 章节安排与技术路线

本研究将紧密地围绕创业团队权力层级和新创企业绩效关系这一核心问题展开，在对相关领域研究进行系统回顾的基础上，有序地对本书中包含的三个研究进行论述。具体的章节安排如下：

第一章为绪论。本章的主要任务是介绍创业团队集权与平权争论的现实背景和层级功能主义与功能障碍主义割裂的理论背景，从而引出本书希望关注的核心问题以及关注此问题的价值所在。在此基础上，我们简单介绍本书的创新点。

第二章为文献综述。本章回顾了过去几十年特别是近年来团队层级研究的进展并总结其存在的问题。本章发现以往关于创业团队权力层级与新创企业绩效关系的研究在以下三个方面存在不足。第一，通常探讨创业团队权力层级的主效应，而忽略了权变因素，尤其是多种权变因素之间的复合效应对创业团队权力层级与新创企业绩效关系的影响；第二，没有打开创业团队权力层级作用于新创企业绩效的"黑箱"，忽略了创业团队权力层级的权变作用与新创企业绩效之间的过程机制；第三，默认创业团队权力层级结构通常表现为金字塔形，忽略了其他的创业团队权力层级构型可能对战略决策及新创企业绩效带来的影响。基于上述文献综述的结论，我们试图在本书中构建一个基于结构权变理论的研究框架，探究创业团队权力层级和新创企业绩效关系的复合权变机制、学习过程机制以及多种权力层级构型的战略决策机制。

第三章重点介绍了三个子研究之间的逻辑递进关系：子研究一旨在探究创业团队权力层级何时促进或抑制新创企业绩效，子研究二试图揭示创业团队权力层级的权变作用通过何种机制影响新创企业绩效，子研究三则尝试从构型视角探究不同形状的创业团队权力层级如何通过战略决策机制影响新创企业绩效。

第四章重点介绍子研究一。我们关注创业团队权力层级何时促进或抑制新创企业绩效。更具体地说，我们提出当创业团队同质性（职能背景同质性与共同团队经历）低时，创业团队权力层级对新创企业绩效有积极影响；当创业团队同质性高时，创业团队权力层级对新创企业绩效有消极影响。并且，在一个异质（同质）的创业团队中，当权力持有者拥有更多的创业经历时，创业团队权力层级对新创企业绩效的积极（消极）影响会更加强烈。基于来自全国中小企业股份转让系统（新三板）中的285家互联网新创企业5年的面板数据（共计460个观测值）及16场针对样本企业创业团队成员的半结构化访谈数据，我们验证了所提出的假设模型。

第五章重点介绍子研究二。我们探讨了创业团队权力层级的权变作用通过何种过程机制影响新创企业绩效。更具体地说，我们提出创业团队权力层级与新创企业绩效之间的关系受到新冠疫情事件强度的调节。此外，探索式学习和利用式学习在创业团队权力层级和新冠疫情事件强度的交互与新创企业绩效的关系中起中介作用。基于来自杭州的 86 家新创企业的 248 位创业团队成员的问卷调查数据，我们基本验证了假设模型。

第六章重点介绍子研究三。我们考察了创业团队权力层级构型如何通过影响新创企业战略决策进而影响新创企业绩效。更具体地说，我们提出相比于倒金字塔形的权力层级，金字塔形的创业团队权力层级会积极影响新创企业的研发投资决策。并且，这种积极效应会随着层级稳定性和组织冗余的降低而更加强烈。此外，研发投资决策在金字塔形的创业团队权力层级与新创企业绩效之间的关系中起中介作用。以来自深圳证券交易所创业板上市的 363 家新创企业 9 年的面板数据（共计 1277 个观测值）为样本，我们验证了所提出的假设模型。

第七章为研究结论和展望。这一章首先对前述三个研究所得到的结论进行了总结，其次对研究的理论贡献和实践意义进行了讨论。在此基础上，我们提出了一些值得未来研究继续关注的问题和现象。

本书的技术路线如图 1.1 所示。

```
                                                         第一章  绪  论    11

┌──────────────────┐                    ┌──────────────────┐
│   现实背景：      │                    │   理论背景：      │
│ 创业团队集权与平  │                    │ 团队层级领域功能  │
│ 权的争论          │                    │ 主义与功能障碍主  │
│                  │                    │ 义视角的割裂      │
└────────┬─────────┘                    └─────────┬────────┘
         │                                        │
         └───────────────┐      ┌─────────────────┘
                         ▼      ▼
              ┌──────────────────────────┐
              │     提出研究问题：        │
              │  企事业团队权力层级与新   │
              │  创企业绩效之间空间存在   │
              │  怎样的关系？             │
              └────────────┬─────────────┘
                           ▼
              ┌──────────────────────────┐
              │      综述文献：           │
              │   团队层级的概念内涵      │
              │   团队层级的作用机制      │
              │   团队层级的作用后果      │
              │  团队层级作用的权变因素   │
              │ 创业团队情境下的权力层级  │
              │       研究进展            │
              └────────────┬─────────────┘
                           ▼
              ┌──────────────────────────┐
              │   提出研究的理论框架：    │
              │ 以创业团队权力层级与新创  │
              │ 企业绩效关系为核心的      │
              │   整合性权变理论框架      │
              └────────────┬─────────────┘
            ┌──────────────┼──────────────┐
            ▼              ▼              ▼
  ┌─────────────────┐┌─────────────────┐┌─────────────────┐
  │ 开展实证子研究一：││ 开展实证子研究二：││ 开展实证子研究三：│
  │ 创业团队权力层级 ││ 创业团队权力层级 ││ 创业团队权力层级 │
  │ 与新创企业绩效关 ││ 与新创企业绩效关 ││ 构型与新创企业绩 │
  │ 系的复合权变     ││ 系的学习过程     ││ 效关系的战略     │
  │ 机制研究         ││ 机制研究         ││ 决策机制研究     │
  └────────┬────────┘└────────┬────────┘└────────┬────────┘
           └──────────────────┼──────────────────┘
                              ▼
                  ┌──────────────────────┐
                  │ 综合研究结论并讨论   │
                  └──────────┬───────────┘
                             ▼
                  ┌──────────────────────┐
                  │ 提炼研究贡献并展望未 │
                  │ 来研究               │
                  └──────────────────────┘

                    图1.1  本书的技术路线
```

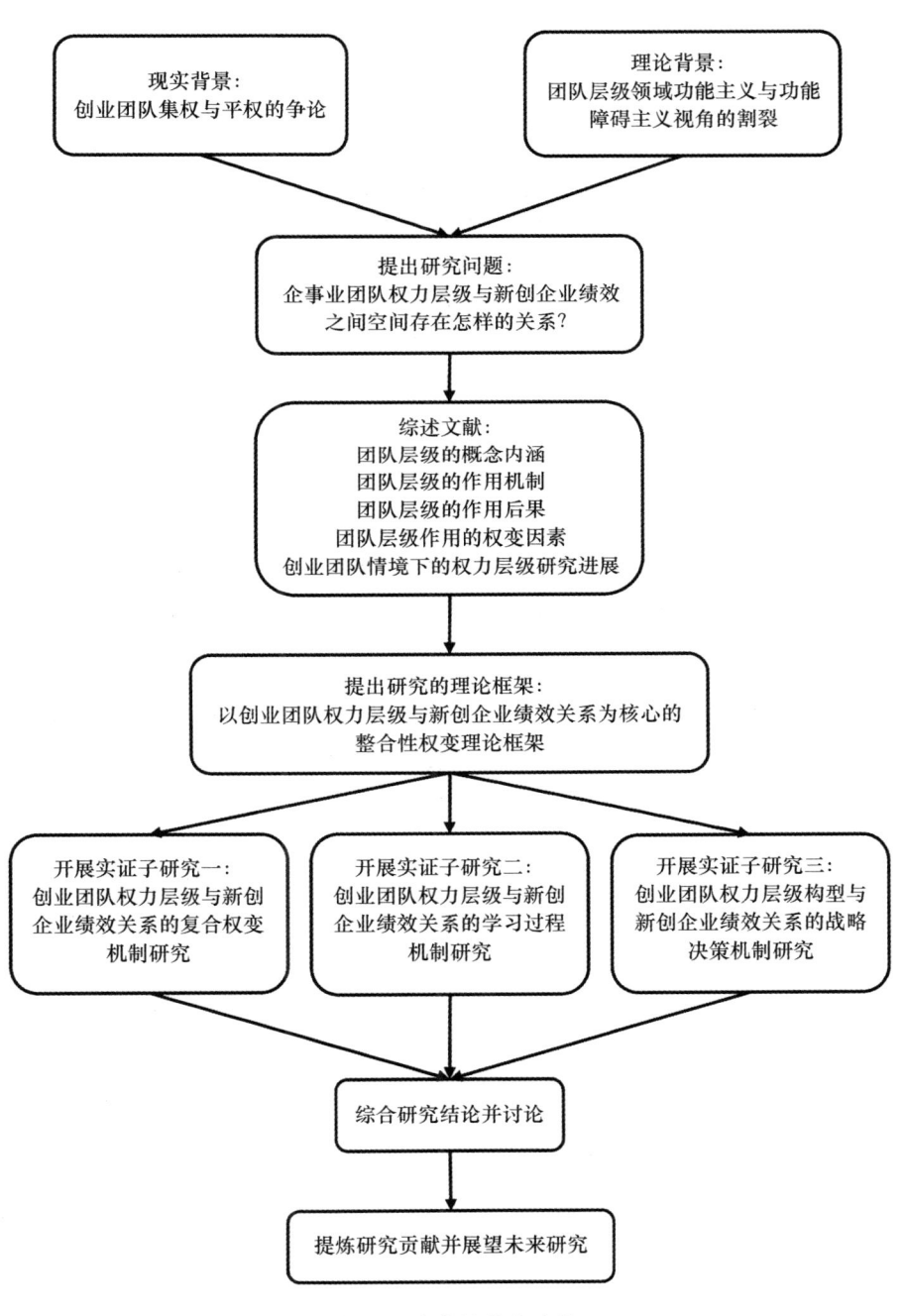

第 二 章

文献综述[*]

　　本章主要分为以下几个部分：我们首先回顾了近年来国内外顶级管理学和心理学期刊中团队层级的后果研究，尝试回答层级化还是扁平化的团队结构更有利于团队运行这一理论问题。通过文献梳理，我们发现关于团队层级究竟会为团队带来积极还是消极的影响，理论界长期存在争论，呈现层级功能主义和功能障碍主义两派研究视角的割裂与对立。基于结构权变理论和团队研究的 IMO 框架，本章对近 20 年来团队层级后果研究的进展进行了全面的回顾和述评。我们系统介绍了团队层级的概念内涵（包含基础和形式）、积极和消极作用机制及不同类型的团队后果，并梳理了调和层级功能主义和功能障碍主义视角的权变因素。在此基础上，我们特别分析了创业团队情境下权力层级研究的独特性，并为该主题研究的未来发展方向提出了几点展望。

　　在当今动荡模糊的商业环境下，单兵作战的工作模式已无法满足复杂多变的任务需求，团队逐渐成为组织中最基本的工作单元（Mathieu et al., 2019）。传统的工作团队通常由少数领导者和众多下属构成，团队成员之间通常存在基于权力、地位或影响力而形

---

[*] 本部分内容已发表，见冯雯、谢小云、胡琼晶：《团队层级的概念、机制和后果：争议与整合》，《管理学季刊》2021 年第 4 期。

成的等级次序，即团队层级（Anderson & Brown，2010；Greer et al.，2018）。秉持层级功能主义视角的学者认为清晰的层级结构可以明确权责归属、高效处理争议、促进协作，是维持团队运行必不可少的功能机制（Halevy et al.，2012；He & Huang，2011）。连续创办三家纳斯达克上市企业（携程、如家快捷酒店和华住集团）的创业者季琦认为，在创业之初，权力最好聚焦在一个人身上，以确保团队能快速做出决策，抢占融资时机（季琦，2016）。然而近年来，秉持功能障碍主义视角的研究者们开始质疑传统金字塔形团队结构的有效性，建议以灵活的自管理团队等扁平的层级结构来促进团队成员间平等的信息交换，从而敏捷地响应外部环境的需求（Aime, Humphrey, DeRue & Paul，2014；Bunderson & Reagans，2011；Chen et al.，2018）。许多组织也开始施行打破层级的管理举措，呼吁"让听得见炮火声音的人来做决策"。例如，医护团队中的医生与护士之间往往存在巨大的层级差异，而著名的Johns Hopkins医院通过赋能基层护士，使他们充分表达自己的观点并在团队中发挥影响力，从而有效预防了43起感染和8起死亡，同时节约了200万美元的成本（Gawande，2010）。由此可见，关于层级化还是扁平化的团队结构更有利于团队运行，理论界和实践界存在许多相互矛盾的观点。

  为了更清晰地梳理团队层级研究的核心观点与内在逻辑，我们系统地回顾了层级功能主义与功能障碍主义争论中的几点主要分歧。首先，学者们未能对团队层级的概念界定形成清晰一致的意见，许多看似矛盾的研究结论实际上是由于不同学者采用了不同的定义和测量方式来刻画团队层级，因而得出了截然相反的研究结论（Bunderson et al.，2016）。其次，许多研究并未直接打开团队层级与团队后果之间的"黑匣子"，或是仅关注某一特定机制，而忽略了多种作用机制同时共存和相互影响的可能性。此外，现有的研究争论没有区分团队层级作用后果的不同类型，即团队层级可能会促进某些类型的团队后果，却不利于其他类型的团队后果。最后，大多数学者积极寻找和证实团队层级积极或消极的主效应，却忽视了潜在的权变因素（contingencies）所发挥的作用。

基于此，本研究尝试聚焦于团队层级后果研究的前沿进展，以团队研究常用的 IMO（Mathieu et al., 2008）和结构权变理论（Burns & Stalker, 1961）为框架，将团队层级作为自变量，全面系统地梳理团队层级的概念内涵和测量方式、在团队水平的多种积极与消极作用机制和不同类型的团队后果，以及调和两种矛盾视角的权变因素。理解团队层级后果对于理论和实践都具有十分重要的意义。在理论上，厘清团队层级的概念内涵及其影响团队运行的作用机制和边界条件，有助于推动该研究领域取得进一步发展；在实践上，探索团队层级的作用后果可以帮助管理者根据具体的情境设计适当的团队层级结构，从而释放出最优的团队效能。

本研究在 *Academy of Management Journal*（*AMJ*）、*Strategic Management Journal*（*SMJ*）、*Organization Science*（*OS*）、《管理世界》等国内外顶尖管理学期刊以及 *Journal of Applied Psychology*（*JAP*）、*Psychological Science*（*PS*）、《心理学报》等国内外权威心理学期刊和最近两年的美国管理学会（Academy of Management）年度会议论文集中以 hierarchy、disparity、centralization、dispersion、steepness、inequality、层级、等级以及 team、group、团队为关键词进行检索，在结果列表中删去不关注层级的研究和不关注团队后果的研究，最终可以得到自1999年至今的45篇实证文章。纵观这些实证研究可以发现，不同研究者发现团队层级对多种作用机制及团队后果存在矛盾的影响。本书将致力于全面、系统地对团队层级的概念内涵、作用机制、团队后果和权变因素进行回顾和述评，尝试调和矛盾对立的研究发现，并提炼一些有待未来深入探讨的问题和方向。我们在图2.1中绘制了团队层级研究的整体图谱。

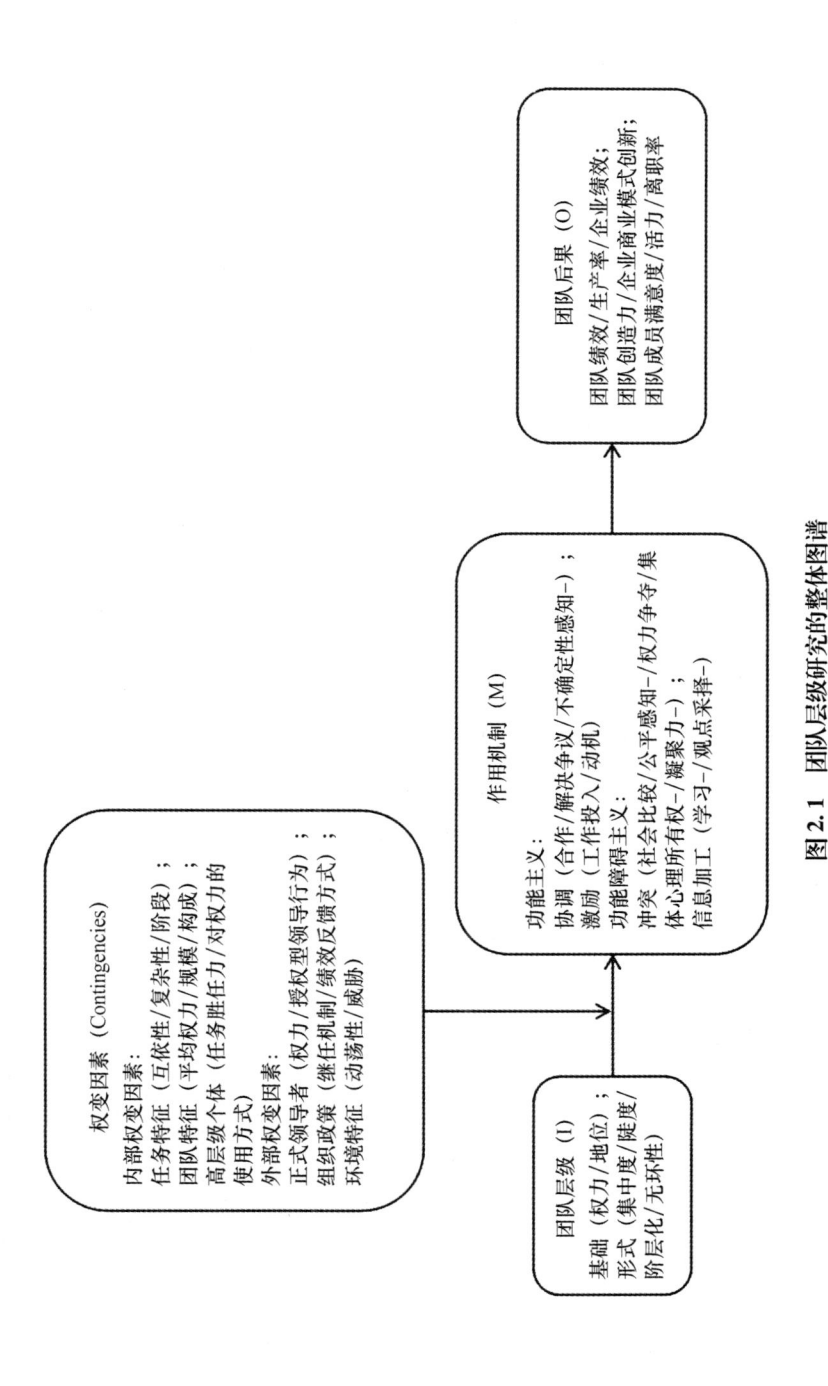

权变因素 (Contingencies)

内部权变因素：
任务特征（互依性/复杂性/阶段）；
团队特征（平均权力/规模/构成）；
高层级个体（任务胜任力/对权力的使用方式）

外部权变因素：
正式领导者（权力/授权型领导行为）；
组织政策（继任机制/绩效反馈方式）；
环境特征（动荡性/威胁）

团队层级 (I)
基础（权力/地位）；
形式（集中度/陡度/阶层化/无环性）

作用机制 (M)

功能主义：
协调（合作/解决争议/不确定性感知−）；
激励（工作投入/动机）
功能障碍时：
冲突（社会比较/公平感知−/权力争夺/集体心理所有权−/凝聚力−）；
信息加工（学习−/观点采择−）

团队后果 (O)
团队绩效/生产率/企业绩效；
团队创造力/企业商业模式创新；
团队成员满意度/活力/离职率

图 2.1 团队层级研究的整体图谱

注：作用机制（M）部分的"−"代表团队层级抑制该机制。

第一节　团队层级的概念内涵

以往文献关于团队层级的研究结论出现了许多不一致，其中一个重要原因是不同学者采用了不同的概念内涵、操作化定义和测量方式来刻画团队层级。因此，本研究首先梳理了过往实证研究中团队层级的常用定义和操作化方式，从基础和形式两个方面全面地介绍了团队层级的概念内涵，为后文层级功能主义和功能障碍主义视角的整合做出铺垫。

一　团队层级的基础

层级的基础指团队成员之间的等级次序是基于什么而形成的。Magee 和 Galinsky（2008）指出，权力和地位是层级研究中两种重要且相互独立的基础；其中权力指个体对社会关系中有价值资源的不对称的掌控（Blau，1964），地位指个体受到他人尊重或钦佩的程度（Ridgeway & Walker，1995）。因此，权力层级是根据每位团队成员所掌握的资源形成的等级次序（Tarakci et al.，2016；季浩等，2019），地位层级则是根据每位团队成员受到他人尊敬的程度形成的等级次序（Hays & Bendersky，2015；Luan et al.，2017）。

在以往的实证研究中，也有学者关注基于某种特定维度的权力或地位形成的团队层级，例如基于专家权力（Chen et al.，2018）或基于专业地位（Mitchell et al.，2015）形成的团队层级。另外一些研究采用了其他种类的层级基础，例如基于薪酬水平的团队层级（Ridge et al.，2014；Trevor et al.，2012）、基于股份的团队层级（Breugst et al.，2015）。值得注意的是，这些研究通常用层级基础的客观指标来代理权力或地位，例如薪酬水平反映团队成员的地位（Christie & Barling，2010），股权代表权力（Ridge et al.，2014）。

此外，还有研究者将层级分为基于正式权威或职位而明确建立的正式层级（Wellman et al.，2020）以及基于非正式影响力或顺从次序涌现的非正式层级（He & Huang，2011；Oedzes et al.，2018）。

二 团队层级的形式

以往研究对于层级的概念内涵和操作化定义存在多种观点，反映出学者们对于层级的形式持有不同的前提假定。团队层级的形式反映了个体水平的权力或地位是如何聚合为团队水平的层级强度。不平等是一种比较宽泛的团队层级概念内涵，它捕捉了团队成员在某种有社会价值的资源维度上分布不均等的程度（Bunderson et al.，2016）。秉持这一观点的学者通常将层级定义为集中度，也有学者定义为陡度或阶层化。这三种定义的最低值都表示团队内的所有成员都处于同一层级水平，彼此间不存在层级差异，例如自管理团队。然而，三种定义的最高值代表着不同的团队层级形态。其中，集中度也被称作差异化程度（Harrison & Klein，2007），指团队中的权力、地位或荣誉集中于一个或少数几个成员的程度，通常采用集中度指标（Freeman，1978）、基尼系数（Gini，1936）或变异系数测量。当团队中的一个成员处于高层级，而其他所有成员都处于低层级时，集中度处于最高值，例如由一位领导者和众多下属组成的传统工作团队。陡度类似于分散程度（Harrison & Klein，2007），关注团队成员在某一特征或资源维度上差异程度的加总，测量通常采用标准差或平均欧式距离（De Vries et al.，2006）。当团队中一半成员处于高层级，另一半成员处于低层级时，陡度处于最高值，例如由同等数量的医生和护士组成的医护团队。阶层化是指团队成员分布于不同层级水平的程度，测量通常采用 Blau（1977）指数或层级的数量（Bunderson & Van der Vegt，2018；Yu et al.，2019）。当团队中每位成员都处于不同层级水平时，阶层化处于最高值，例如由一位总经理、一位副总经理和一位高级副总裁组成的高管团队。总体上，将团队层级刻画为不平等的研究通常采用问卷、实验或二手数据的研究方法。

除此之外，少数研究还通过无环性来定义团队层级。这一概念起源于生态学和社会网络研究，将团队水平的层级解构为二元水平的影响力关系，认为影响力是一段关系而非某一个体的属性（Emerson，1962）。无环性是指在团队决策和互动中，每两位成员之间的影响力关系是单向的，也就是说，如果成员 1 对成员 2 有直接或间接的影响力，成员 2 对成员 1 则不会有直接或间接的影响力（Krackhardt，1994）。因此，在无环性高的团队中，成员之间影响力链条是清晰的，像水流倾泻一样不可逆。例如，在 Klein 等（2006）研究中的外科手术团队内，每位成员只能影响比自己层级低的成员，而无法突破层级向上施加影响。而在无环性低的团队中，成员之间的影响力链条会形成一种闭环。采用无环性定义的研究通常采用轮转法问卷测量团队中两两成员之间的影响力关系，并通过 Krackhardt（1994）的网络层级公式来计算无环性（Bunderson et al.，2016；Oedzes et al.，2019）。

综上所述，本研究通过基础和形式两方面详细梳理了团队层级的概念内涵，厘清了研究者们常用的几种定义之间的区别和联系，并介绍了相应的测量方式和实践中相应的团队举例（见表2.1）。总体而言，基础决定了团队层级是基于什么而分布的，而形式描述了团队层级究竟展现为何种形态。这两种特征缺一不可，从不同角度共同刻画了团队层级的概念内涵。值得注意的是，一些学者认为这些不同的操作化定义只是团队层级这一概念的几种可以相互替代的测量方式。然而，根据 Allison（1978）的观点，研究者们在选择测量方式时其实是在一个构念的几种定义之间做选择。事实上，团队层级过往的实证研究之所以得出了许多不一致甚至互相矛盾的结论，很重要的一方面原因是研究者们对层级的概念内涵及特征持有不同的假定。首先，以往实证研究中团队层级的基础十分多样，由此可能导致关于团队层级效应的结论存在差异。例如，Joshi 和 Knight（2015）发现，团队中基于任务贡献形成的地位层级促进团队绩效，

表 2.1 团队层级的四种形式

层级形式		定义	测量	层级的最低值	层级的最高值	代表性文献
不平等	集中度	团队中的权力、地位或荣誉集中于一位或少数几个成员的程度。	集中度指标、基尼系数、变异系数		团队中少数成员处于高层级，大多数成员处于低层级，例如传统工作团队。	He & Huang (2011); Smith et al. (2006); Tarakci et al. (2016)
	陡度	团队成员在某一特征或资源维度上差异程度的加总。	标准差、平均欧式距离	团队中的所有成员都处于同一层级，例如自管理团队。	团队中一半成员处于高层级，另一半成员处于低层级，例如由同等数量医生和护士组成的医护团队。	Greer & van Kleef (2010); Halevy et al. (2012)
	阶层化	团队成员分布于差异化的层级水平的程度。	Blau (1977) 指数；层级的数量 (Krackhardt, 1994)		团队中每位成员都处于不同层级水平，例如由总经理、副总经理、高级副总裁组成的高管团队。	Hambrick et al. (2015); Yu et al. (2019)
无环性		团队决策和互动中，每两位成员之间的影响力关系是单向的程度。	网络层级公式 (Krackhardt, 1994)	团队成员之间的影响力关系形成闭环。	团队中每两位成员之间的影响力关系都不可逆的，例如外科手术团队。	Bunderson et al. (2016); Evans & Sanner (2019); Oedzes et al. (2018)

资料来源：Bunderson et al. (2016); Bunderson & Van der Vegt (2018); Harrison & Klein (2007); Yu et al. (2019)。

而基于社会关系的地位层级则抑制团队绩效。其次，以往的许多研究没有清晰地界定团队层级的表现形式。Bunderson et al.（2016）发现，当表现为不平等时，团队层级会加剧团队过程冲突并损害团队绩效；当表现为无环性时，团队层级会减少团队过程冲突并促进团队绩效。Yu et al.（2019）发现，相比金字塔形的团队层级，梯子形的团队层级（即阶层化程度高）更容易加强团队内的社会比较倾向，从而损害团队成员之间的关系质量，给团队绩效带来更加消极的影响。Wellman et al.（2020）还关注到了团队层级的偏度，即描述团队内的多数成员处于相对较低还是较高水平的层级。他们提出正偏的金字塔形团队层级有利于团队成员的观点采择，而负偏的倒金字塔形团队层级则恰恰相反。因此，学者们应根据自己的研究情境和理论视角选择最贴切的基础和形式来刻画团队层级，确保定义与测量相匹配，并谨慎地引用采取其他团队层级定义和测量方式的研究结论。

第二节　团队层级的作用机制：功能主义和功能障碍主义视角的"对立"

如果将团队层级看作 IMO 框架中的前因变量，包括团队过程和涌现状态在内的多种作用机制则是打开团队层级和团队后果之间关系的"黑匣子"。关于团队层级究竟会促进还是抑制团队实现理想的运行，理论界长期存在激烈的争论。接下来，本书将分别梳理功能主义视角与功能障碍主义视角下团队层级作用的理论脉络，从协调、激励、冲突和信息加工四种类别来介绍团队层级的常见作用机制。

一　功能主义视角

秉持功能主义视角的学者提出，层级最基本的功能是建立秩序，明确团队内部的顺从关系和角色分工，因此许多研究者发现团队层级可以有效地促进团队内部的任务协调，并通过使低层级个体顺从于高层级个体来有效地解决团队成员之间的分歧和争议，减少团队冲突（Greer & Van Kleef, 2010; Halevy et al., 2011）。例如，Halevy 等（2012）发现篮球队中基于薪酬和参与度的团队层级差异有利于提升团队内部协调和合作。由于层级明确了角色规范，可以降低团队成员感知到的不确定性，使他们更加清楚自己的角色、位置和责任（Oedzes et al., 2019）。而如果缺乏清晰明确的层级指引，团队成员会对于如何互动及合作感到高度的不确定性，从而产生角色模糊和角色冲突。例如，研究者们发现在充满不确定性的创业环境中，创业团队成员更加偏好决策权力和影响力集中的团队结构，期待核心领导者像主心骨一样，在面临激烈的外部竞争时凝聚团队（Foo et al., 2006; Tzabbar & Margolis, 2017）。

此外，根据锦标赛理论（Lazear & Rosen, 1981），团队成员之间差异化的等级排序可以作为一种有效的激励手段，促使他们向着更高的目标不断努力，得到物质奖励和他人的尊重，从而使团队整体的工作投入提升。层级差异不仅能够激励高层级个体为了维持自己的权力和地位而为团队做出更多的贡献，同时还能够激励低层级个体付出更多的努力来获得高层级个体的奖励，以及提升层级位置的可能性（Halevy et al., 2011）。例如，Ridge et al.（2014）提出，当高管团队成员和总经理之间的薪酬差异足够大时，薪酬差异有利于激励高管团队成员追求继任总经理的资格，从而付出更多的工作努力。一项基于北美职业冰球联赛的二手数据研究发现，基于绩效分布的薪酬分散能够帮助团队吸引并激励高产成员提高工作投入（Trevor et al., 2012）。

二　功能障碍主义视角

功能障碍主义视角也被研究者称作层级研究的冲突视角（Greer et al., 2018），认为层级并不能有效地管理冲突，反而容易引发冲突。根据社会比较理论（Festinger, 1954）的观点，人们会通过将自己和他人在重要维度上进行比较来自我评估，并努力追求使自己处于相对优越的位置。Greer et al.（2017）由此提出，在团队情境下权力的不均等分配会使团队成员更容易察觉并受到团队内资源分配的影响，从而产生更高的权力敏感度，因此更容易发生冲突和权力争夺。例如，Greer & Van Kleef（2010）的研究发现，在平均权力高的团队中，权力分散比权力均等的团队更容易发生权力争夺，从而阻碍团队内的冲突解决。还有一些学者从公平理论（Adams，1965）出发，提出在高度互依的团队工作中，层级差异会令团队成员们感受到不平等，从而减少合作行为，激发冲突和竞争，降低团队凝聚力。例如，Ensley et al.（2006）的研究发现，高管团队的薪资差异会增加团队内的情感冲突，减少有益的认知冲突，并且损害团队凝聚力和效能。研究者们还发现团队内的层级差异会使得团队成员更多地关注个人而非集体利益，降低团队成员的集体心理所有权，导致更多的冲突（Slade Shantz et al.，2020）。

此外，秉持功能障碍主义视角的学者还认为团队层级会阻碍团队内的信息加工。根据权力的趋近—抑制理论（Keltner et al.，2003），高权力个体更可能采取"趋近"的反应模式，例如更关注机会，表现出积极情绪和冒险行为；而低权力个体则更倾向于采取"抑制"的反应模式，例如更留意威胁，表现出消极情绪和抑制行为。因此，团队内的权力差异会使处于不同权力层级的个体采取不同的行为模式，使得低权力者不愿表达自己的异质性观点。类似地，期望状态理论（Berger et al.，1974）也指出，低地位的成员通常会在团队互动中顺从于高地位的成员，进而对知识分享以及学习等团队互动过程造成消极影响（Bunderson & Reagans，2011；Magee & Galinsky，2008；胡琼晶和谢小云，2015）。例如，Wellman et al.（2020）提出，基于正式权威的层级差异会影响团队成员的观点采择动机，使成员只听取和自己相等或更高层级成员的观点，而忽略比自己更低层级个体的观点。类似地，Oedzes et al.（2018）的研究发现了团队非正式层级的消极影响，并提出由于高层级的团队成员主导了团队交流互动，而低层级成员只是附和而不表达自己的观点，阻碍了团队内的深度信息加工。

综上所述，本研究分别梳理了功能主义与功能障碍主义视角下团队层级的四种积极与消极作用机制，分别是协调、激励、引发冲突和阻碍信息加工。不难看出，虽然以往关于团队层级后果的研究看似得出了许多矛盾的结论，但是当我们打开层级作用机制的"黑匣子"，却发现基于多种理论脉络的团队过程和涌现状态是相互独立并可能共存的。换言之，团队层级可能会通过促进某些团队过程（例如，任务协调）而提升团队绩效，也可能通过抑制某些团队过程（例如，信息加工）而阻碍团队运行。最终，团队层级呈现的净效应取决于这些积极与消极作用机制之间的权衡。因此，许多看似"对立"的研究结论并非真的相互矛盾，而是由于在不同的理论视角和研究情境下，团队层级的某一特定作用机制更加凸显，占据了主导作用。

第三节　团队层级的作用后果：多维效标的差异化效应

根据 IMO 框架，团队后果或有效性拥有多个维度（Mathieu et al., 2008）。由于不同维度之间的团队后果侧重点有所差异，因此团队层级产生的效应也可能截然不同。借鉴团队领域以往的综述文章（Zhu, Liao, Yam & Johnson, 2018），我们将团队后果分为团队绩效、团队创造力和团队成员态度三个维度，分别总结团队层级所带来的影响。

一　团队绩效

与大多数团队研究一样，团队层级研究最常关注的团队后果是团队绩效（Halevy et al.，2012；Tarakci et al.，2016）。如前所述，由于团队层级能够有效促进团队内部协调，当研究情境中的团队绩效更加侧重于效率与协作时，团队层级通常表现出积极的影响。在需要高度协作的运动团队情境下开展的研究通常发现团队层级能够为团队绩效带来积极的效应，例如，Halevy et al.（2012）对1997—2007年11个赛季的美国职业篮球联赛二手数据进行分析，发现球员之间基于薪酬、首发次数占比和参赛时长形成的层级差异有利于提升团队内部协调和合作，从而提升团队的胜率。类似地，Trevor et al.（2012）基于美国冰球联盟比赛的二手数据研究发现，团队内基于绩效的薪酬分散程度能够提升成员投入，进而促进团队绩效。然而，对于协作需求较低的运动团队情境，团队层级则未必会为团队绩效带来积极的效应。例如，Bloom（1999）的研究采用了1985—1993年美国职业棒球大联盟的二手数据，研究结果表明团队内部的薪酬差异不利于团队绩效。这很可能是因为相比于篮球和冰球，棒球比赛中团队成员之间的相依性和协作需求较低，因此层级化的团队结构没有体现出优势。

此外，根据高阶梯队理论视角（Hambrick，1995），企业的行为和绩效表现是其高级管理团队集体互动结果的反映（Hambrick & Mason，1984；Klotz et al.，2014）。因此，以创业团队、高管团队或董事会为背景的研究还将企业绩效看作团队层级的作用后果（He & Huang，2011；Patel et al.，2018）。例如，He 和 Huang（2011）基于530家美国制造业企业7年的面板数据分析，发现董事会非正式层级强度会积极影响企业财务绩效，并提出这是由于非正式层级能够促进董事会的内部协作，因此提升了互动效率。Smith et al.（2006）针对51家医院的高管团队问卷研究发现，高管团队内部的权力差异对企业绩效有积极影响。虽然未能直接验证中介机制，但作者们认为这很可能是因为平等的权力结构会使高管团队迫于从众规范和群体思维的束缚，从而使集体决策过程变得低效。相反，在不平等的权力结构中，由于影响力集中于少数几位高管成员，高管团队能够有效地利用关键信息和资源,进而促进企业绩效。

二 团队创造力

虽然不像团队绩效一样得到广泛探究,也有一些研究者关注到了团队层级对团队创造力或创新绩效等团队后果的影响,尤其是在知识密集型的工作团队(例如,研发团队)情境中。由于这些团队后果更依赖团队内的信息加工和学习等过程,根据前文中层级功能障碍主义视角的观点,团队层级则通常表现出消极的影响。例如,Shim et al. (2021)开展的一项实验研究发现,团队成员之间的影响力差异会阻碍信息加工,进而损害团队在创新任务中的绩效表现。类似地,Oedzes et al.(2018)针对来自多个不同行业和组织的63个工作团队的问卷研究发现,团队的非正式层级强度会消极影响团队创造力。虽然未能直接打开这一影响关系中的过程机制,但作者们在理论推导时借鉴了群体动机性信息加工理论视角,提出导致这一消极效应的原因是非正式层级阻碍了团队内部的深度信息加工,进而对团队创造力带来不利影响。

如前所述,根据高阶梯队理论视角(Hambrick,1995),研究者们还关注到了高管团队或董事会的层级结构对企业创新相关绩效的作用后果。例如,Siegel 和 Hambrick(2005)发现,对于注重研发创新的高科技企业而言,高管团队的薪酬差异不利于企业绩效,而在非技术密集型企业中,高管团队的薪酬差异对企业绩效则无显著影响。

值得注意的是,由于创新过程不仅需要深度的信息加工,还需要应对高度的不确定性并调和团队成员之间的争议和分歧,研究者们也发现团队层级并不总是带来消极的影响。例如,Keum 和 See (2017)将创新过程分为观点产生和观点选择两个阶段,发现权威层级不利于团队成员在创新过程中产生新颖的观点,但有利于提升最终选择观点的创新水平。在一项针对时装销售团队的二手数据分析中,作者发现权威层级不利于注重观点产生的时装团队的销售额,但有利于注重观点选择的时装团队的销售额。此外，Snihur 和 Zott（2020）一项历时 7 年的多案例纵向访谈研究还发现了创业团队权力集中的决策方式有利于新创企业实现商业模式创新。具体而言，集中的权力结构更有可能使创业团队在新创企业的创新决策上达成共识。相比之下，如果每个创业团队成员都拥有较高的权力，则会在很大程度上降低新创企业商业模式创新的可能性，因为大家往往很难就未经证实的提议达成一致。

三　团队成员态度

除此之外，一些研究还关注了态度与情感维度的团队后果，例如团队成员对工作或团队的满意度以及团队离职率。这一维度的团队后果通常对应社会比较、公平感知等冲突相关的作用机制，因此团队层级更多地表现出消极的影响。例如，Breugst et al.（2015）关于 16 个创业团队的访谈研究发现，创业团队平等的股权分布会提升团队成员对于股权分布的公平感知，从而提升团队内部的信任和凝聚力。类似地，Ensley et al.（2007）的研究发现，高管团队内部的薪资差异会加剧高管成员之间的情感冲突，降低高管团队的凝聚力和效能，且上述效应在家族企业中更加强烈。此外，Messersmith et al.（2011）还发现高管团队薪酬分散的程度与高管团队离职率正相关。

然而，由于团队层级具有降低不确定性的功能，在一些高度动荡的外部环境中，研究者们也发现团队层级会为成员满意度带来积极的影响。例如，Foo et al.（2006）的研究发现在充满高度不确定性的创业环境中，集中的创业团队权力结构更有优势。因为一个清晰、明确的领导会像主心骨一样，在面临激烈的外部竞争时凝聚团队，从而显著提升成员的满意度。

通过上文的梳理，我们可以发现对于不同维度的团队后果，团队层级可能表现出截然相反的效应。因此，我们不能简单地总结团队层级究竟是有利还是有弊的，而应该具体指出针对哪一种维度的团队后果。即便在同样的研究背景下，团队层级也可能会促进某种团队后果，却阻碍另一种团队后果。

第四节 团队层级作用的权变因素：功能主义和功能障碍主义视角的调和

鉴于层级功能主义和功能障碍主义研究长期以来的激烈争论，近年来，一些学者开始尝试提出特定的权变因素来调节团队层级和团队后果之间的关系。这一类研究根植于结构权变理论（Burns & Stalker，1961），认为不存在一种适用于所有情境的最优团队结构（例如，扁平化或层级化）；只有当团队的层级结构和团队所处情境中的需求相匹配时，团队才能取得最理想的绩效后果（Hollenbeck et al.，2002）。这些权变因素包括团队内部的任务特征、团队特征、高层级个体特征以及团队外部的领导者特征、组织政策和环境特征等。

一 内部权变因素

讨论团队层级的任务协调功能离不开对任务本身的关注，因此任务的复杂性、互依性、多样性等特征是研究者们最常关注的一类内部权变因素。例如，Ronay et al.（2012）发现团队层级差异在过程互依性高的任务中有利于团队生产率，在过程互依性低的任务中则没有显著影响。另外，还有许多学者关注到了团队特征对团队层级作用的影响，包括团队构成、平均权力、团队规模等。例如，Greer & Van Kleef（2010）则发现团队成员的平均权力水平可以解释层级的矛盾效应：当团队平均权力较低时，权力分散促进团队内部的冲突解决；当团队平均权力较高时，权力分散容易引起权力争夺，阻碍团队的冲突解决。

由于大多数研究所关注的层级结构是像金字塔一样，有一个或少数几个高层级个体处在团队层级的顶端，这些高层级个体的特征或行为对团队层级的作用也起到了至关重要的影响。Tarakci et al.

（2016）提出过往研究大都默认权力层级是基于任务胜任力分布的，而他们发现在一些团队中，权力持有者（即权力最高的成员）并不具有最高水平的任务胜任力，此时权力差异会引起冲突从而损害团队绩效；只有当团队内任务胜任力最高的成员担任权力持有者时，权力差异才有助于团队绩效。除此之外，Bunderson 和 Reagans（2011）提出，权力和地位层级会降低团队成员对共同目标的关注，抑制冒险行为和知识迁移，阻碍团队学习。然而，团队内高层级个体对于权力的集体导向使用方式会削弱甚至逆转这些消极作用机制，从而使权力和地位层级对团队学习带来积极影响。

二 外部权变因素

值得关注的是，有一些研究在讨论和计算团队层级时，并没有纳入团队的正式领导者，而是将其看作团队外部的情境权变因素。例如，Oedzes et al.（2018）发现，当团队外部的正式领导者表现出高水平的授权型领导行为时，团队非正式层级和团队创造力之间的消极效应将不再显著。此外，Ridge et al.（2014）的研究发现除总经理之外的高管团队成员之间薪酬差异的激励效应会随着总经理权力的升高而被削弱，从而给企业绩效带来消极影响。

由于团队并非在真空中运行，一些学者关注到了团队所嵌入的组织情境，将组织的管理措施或政策看作团队层级作用的权变因素。例如，Ridge et al.（2014）发现当组织启用总经理继任机制时，其他高管团队成员之间薪酬差异的激励效应同样会受到抑制。Van der Vegt et al.（2010）关注了绩效反馈方式对团队层级作用的影响：当收到团队绩效反馈时，权力不对称促进团队学习，从而提升团队绩效；当收到个体绩效反馈时，权力不对称阻碍团队学习，从而降低团队绩效。

此外，由于一些团队会直接和组织外部的环境发生互动，研究者们还关注到了环境特征作为影响层级作用的外部权变因素。例如，He 和 Huang（2011）的研究发现，企业所处行业的环境动荡性会增强董事会非正式层级对企业财务绩效的积极影响；Breugst et al.（2015）的研究则发现，当创业团队成员面对融资压力等外部威胁时，原本由平等的股权分配引起的积极团队互动会转变为消极互动。

综上，本研究梳理了影响团队层级作用的常见内外部权变因素，它们从不同角度调和了功能主义与功能障碍主义视角之间的分歧。结构权变理论（Donaldson，2001）指出，组织或团队的结构（例如，权力层级）与绩效之间并不存在绝对正确的二元线性关系，而是会受到情境权变因素的影响——"如果不清楚权变因素 W 的取值是高还是低，我们无法预测 X 将对 Y 产生什么效应"。在不同的权变因素取值高或低的情况下，能够满足相应情境需求的理想团队结构发生了变化，因此团队层级会呈现截然不同的作用后果。

第五节　创业团队情境下的权力层级研究进展

我们在表 2.2 中汇总了近 20 年国内外顶级管理学和心理学期刊中团队层级后果的研究，从中可以看出该主题的研究已经取得了丰富的进展。与地位层级相比，权力层级得到了学者们更广泛的探讨。这很可能是由于相比于地位，权力在组织情境下更为外显和客观（Magee & Galinsky，2008；Wellman et al.，2020），因而更容易获得研究者们的关注。此外，在创业领域，研究者们已发现渴望成为"一把手"或者获得权力来掌控局面是创业者们最重要的创业动机之一（Jayawarna，Rouse & Kitching，2013）。已有研究表明对权力的渴望会促使个体创业者产生卓越的创新绩效（Nisula，Olander & Henttonen，2017）。然而，由于绝大多数新创企业是由团队而非个体创业者创立的（Klotz et al.，2014），因此，了解创业团队应该如何设计权力层级结构以追求最佳的新创企业绩效显得至关重要。

表 2.2　近 20 年团队层级实证研究汇总

研究者	变量名	测量方式	作用机制	调节因素	团队后果	团队类型	研究方法	主要发现
Shim et al., 2021	影响力差异	影响力差异量表	信息加工	—	团队绩效	实验室团队	实验	团队成员之间的影响力差异会阻碍信息加工，进而损害团队绩效。
陈仕华和张瑞彬, 2020	非正式层级	兼职数量、媒体关注度、政治关联合指标的基尼系数	—	董事会规模；董事会成员稳定性；董事会会议次数	董事异议	董事会	二手数据	董事会非正式层级清晰度负向影响董事会成员发表异议的可能性；董事会规模越大，董事会稳定性程度越低，董事会成员之间互动程度越强，上述效应越弱。
Snihur & Zott, 2020	权力集中的决策方式	股权、专长和声望的不平等	价值主张和策略	—	商业模式创新	创业团队	访谈	创业团队权力集中的决策方式有利于新创企业商业模式创新。
Doyle et al., 2020	正式层级	实验操纵（是否区分领导下属）	价值主张和策略	—	共同利益	实验室团队	实验	团队内正式层级会促进团队间的竞争性谈判策略，进而损害共同利益。
Bird et al., 2020	权力不平等	—	—	同事关系；家族成员关系	企业绩效	创业团队	—	创业团队权力不平等与企业绩效之间存在倒"U"形效应：这一效应会被同事关系加强，被家族成员关系削弱。

续表

研究者	变量名	测量方式	作用机制	调节因素	团队后果	团队类型	研究方法	主要发现
Slade Shantz et al., 2020	正式层级	现场实验操纵（职级结构）；感知到的年龄异质性	集体心理所有权	非正式层级	团队冲突	合作社	现场实验；访谈	正式层级会降低合作社的集体心理所有权，从而增加团队内冲突；上述效应受到非正式层级的削弱。
Wellman et al., 2020	正式层级	计算机模拟操纵；团队成员职级的偏度	观点采择动机*	任务多样性	团队绩效；病患治愈率	计算机模拟团队；护士团队	计算机模拟；问卷	当团队任务种类多样时，负偏态的正式层级（倒金字塔形）比正式层级（金字塔形）更有助于促进团队绩效。
Yu et al., 2019	层级形状	实验操纵（股权占比）	社会比较倾向；层级冲突；信任	—	群体绩效	实验室创业团队；财务工作团队	实验；问卷	梯形层级比金字塔形层级更容易加强团队内社会比较倾向，损害关系质量，不利于团队绩效。
Evans & Sanner, 2019	层级	影响力的网络层级	—	—	团队绩效	学生项目团队	问卷	项目中点后激增的团队层级不利于团队绩效。

第二章 文献综述 31

续表

研究者	变量名	测量方式	作用机制	调节因素	团队后果	团队类型	研究方法	主要发现
Tremblay & Hill, 2019	权力分散	虚拟变量（权力构型图）	—	—	任务冲突；关系冲突	零售店团队	问卷	平等的权力构型最不易引起任务冲突和关系冲突且该效应会随着时间增强；分裂、集中、独裁的权力构型均更容易引起冲突，但经过一段时间后会减少冲突。
季浩等, 2019	权力层级	权力的标准差；实验操纵（权力差异）；股权占比的标准差	权力争夺	层级一致性	团队绩效	创业实践团队；高管团队；实验室团队	问卷；二手数据；实验	当层级一致，即权力和地位匹配时，权力层级促进团队绩效，反之则抑制团队绩效；上述交互效应受到权力争夺的中介。
朱玥等, 2019	权力分布差异	权力的变异系数	—	程序公平；团队合法性感知	团队冲突	多种类型的工作团队	问卷	当程序公平较高时，权力分布差异减少团队冲突，反之则增加团队冲突；团队合法性感知中介了程序公平的上述调节作用。

续表

研究者	变量名	测量方式	作用机制	调节因素	团队后果	团队类型	研究方法	主要发现
武立东等，2018	非正式层级	兼职外部董事数量、政治关联及家族成员身份的基尼系数	—	—	政治行为；程序理性	董事会	问卷；二手数据	非正式层级增加董事会成员政治行为，降低程序理性。
Oedzes et al., 2018	非正式层级	非正式影响力的网络层级	深度信息加工*	正式领导者的授权型领导行为	团队创造力	多种类型的工作团队	问卷	团队非正式层级与团队创造力之间存在负向关系，外部正式领导者的授权型领导行为会削弱上述负向关系。
Patel et al., 2018	薪酬分散	未被解释的薪酬（残差项）的方差	—	高管团队薪酬分散	战略风险；企业绩效	高管团队；董事会	二手数据	当高管团队薪酬分散度高时，外部董事未被解释的薪酬分散度会增强战略风险；高管团队薪酬未被解释的薪酬负向影响企业绩效。
Jaskiewicz et al., 2017	薪酬分散	薪酬的变异系数	—	—	企业绩效	高管团队（除总经理外）	二手数据	除总经理外，高管团队成员之间的薪酬分散弱化企业绩效。

续表

研究者	变量名	测量方式	作用机制	调节因素	团队后果	团队类型	研究方法	主要发现
Hill et al., 2017	资源分散；薪酬分散	贡献值，薪酬的基尼系数	—	总资源水平；总薪酬水平	团队绩效	棒球队	二手数据	资源分散和薪酬分散的一致性积极影响团队绩效。
Keum & See, 2017	权威层级	权威层级量表测量	—	—	不同种类的时装团队销售额	时装设计团队	二手数据；问卷	权威层级不利于注重客观点产生的时装团队的销售额，但有利于注重客观点选择的时装团队的销售额。
Hellmann & Wasserman, 2017	股权分配	虚拟变量（股权是否平均分配）	—	—	企业绩效（外部投资，风险资本）	创业团队	问卷	合伙人平等分配股权对新创企业绩效有消极影响。
李长娥和谢永珍, 2017	正式权力层级；非正式权力层级	职位的变异系数；兼职数量的基尼系数	企业创新战略	—	企业成长	董事会	二手数据	董事会正式权力层级促进民营企业创新战略，非正式权力层级阻碍创新战略。
Tarakci et al., 2016	权力差异	计算机模拟操纵；实验操纵（是否选择负责人）；职级变异系数	—	权力持有者的任务胜任力	团队绩效	计算机模拟团队；实验室团队；财务工作团队	计算机模拟；实验；问卷	只有当权力和任务能力动态匹配时，权力差异有助于团队绩效，否则，权力差异会引起冲突从而损害团队绩效。

续表

研究者	变量名	测量方式	作用机制	调节因素	团队后果	团队类型	研究方法	主要发现
Bunderson et al., 2016	层级	影响力的网络层级、集中度、标准差	过程冲突	任务复杂性	群体绩效；工作满意度	多种类型的工作团队	问卷	当层级表现为不平等时，会加剧团队过程冲突并损害团队绩效；当层级表现为无环性时，会减少冲突并促进团队绩效。
Joshi & Knight, 2015	基于任务贡献或社会关系的顺从	感知到的任务贡献或社会关系和二元顺从的贝叶斯估计	—	—	团队绩效	科研团队	问卷；二手数据	基于任务贡献形成的地位层级促进团队绩效，基于社会关系形成的地位层级抑制团队绩效。
Breugst et al., 2015	股权分布	股权是否平均分配	公平感知	外部威胁	团队互动	创业团队	访谈	平等分布会提升创业团队股权分布的公平感知，带来积极的团队互动；当面临外部威胁时，由公平的股权分配感知所产生的积极团队互动会转变为消极团队互动。
Mitchell et al., 2015	感知到的地位差异	感知到的地位差异量表	—	专业多样性	团队绩效	医院团队	问卷	团队成员感知到的地位差异消极影响团队绩效；上述效应会受到专业多样性的增强。

续表

研究者	变量名	测量方式	作用机制	调节因素	团队后果	团队类型	研究方法	主要发现
Curseu & Sari, 2015	权力差异	权力的变异系数	—	性别多样性	团队认知复杂度；团队满意度	学生团队	问卷	性别多样性削弱权力差异和团队认知复杂度及满意度之间的负向关系。
Hambrick et al., 2015	竖直互依性	职级的数量	—	任期异质性	高管离职率；企业绩效	高管团队	二手数据	当高管团队竖直互依性高时，任期率与企业绩效；当高管团队竖直互依性低时，任期异质性降低企业绩效，对高管离职率无影响。
Ridge et al., 2014	薪酬差异	总经理薪酬与其他高管成员的平均薪酬之比	激励*；社会比较*	继任人选；总经理权力；高管团队胜任力	企业绩效	高管团队	二手数据	高管团队薪酬差异和企业绩效之间呈倒"U"形关系，该效应受到高管团队胜任力的增强。当在任总经理权力高时，任人选或经理团队薪酬差异削弱企业绩效。
Trevor et al., 2012	可被解释的薪酬分散；未被解释的薪酬分散	基于绩效预测的薪酬方差；残差项的方差	成员投入	—	团队绩效	冰球队	二手数据	可被解释的（基于绩效的）薪酬分散提升成员投入和团队绩效，未被解释的薪酬分散对团队绩效没有显著影响。

续表

研究者	变量名	测量方式	作用机制	调节因素	团队后果	团队类型	研究方法	主要发现
Halevy et al., 2012	层级差异	薪酬、首发占比、参赛时长的标准差	协调；合作	—	团队绩效	篮球队	二手数据	团队层级差异有利于提升团队内部协调和合作，从而促进团队绩效。
Ronay et al., 2012	层级差异	实验操纵（权力差异；睾丸素差异）	冲突	过程互依性	团队生产率	实验室团队	实验	团队层级差异在过程互依性高的任务中有利于团队生产率，在过程互依性低的任务中则没有显著影响。
He & Huang, 2011	非正式层级	兼职外部董事数量的基尼系数	协调*	董事会层级构成；董事会规模；企业过往绩效；行业动荡性	企业绩效	董事会	二手数据	董事会非正式层级强度会积极影响企业财务绩效，当董事会成员大多数处于中等地位、企业规模小、董事会过任绩效差、行业动荡性高时，上述效应更加强烈。
Messersmith et al., 2011	薪酬分散	五年平均薪酬的基尼系数	—	—	高管离职率；企业绩效	高管团队	二手数据	高管团队薪酬分散与高管团队离职率正相关，与企业绩效负相关。

续表

研究者	变量名	测量方式	作用机制	调节因素	团队后果	团队类型	研究方法	主要发现
Van der Vegt et al., 2010	权力不对称	团队内二元权力不对称的均值	团队学习	团队绩效反馈;个体绩效反馈	团队绩效	多种类型的工作团队	问卷	当收到团队绩效反馈时,权力不对称有利于团队学习及团队绩效;当收到个体绩效反馈时,权力不对称不利于团队学习及团队绩效。
Frederickson et al., 2010	薪酬分散	薪酬的变异系数	凝聚力*;合作*;竞争*	股价波动	企业绩效	高管团队(除总经理外)	二手数据	除总经理外的高管团队成员薪酬削弱企业绩效,且该效应受到股价波动的增强。
Greer & van Kleef, 2010	权力分散	职级的标准差;实验操纵(职位差异)	权力争夺	团队平均权力	冲突解决	财务工作团队;实验室团队	实验;二手数据;问卷	当团队平均权力低/高时,权力分散积极/消极影响冲突解决;上述调节效应受到权力争夺的中介。
Mondello & Maxcy, 2009	薪资分散	薪资的变异系数	—	—	团队绩效(比赛;财务)	橄榄球队	二手数据	团队薪资分散负向影响团队赛场胜率,正向影响团队利润。
Woolley et al., 2008	专长构成	实验操纵(认知能力差异)	信息整合	协同规划	团队绩效	实验室团队	实验	团队专长构成和协同规划的交互提升团队绩效,该交互效应受到信息整合的中介。

续表

研究者	变量名	测量方式	作用机制	调节因素	团队后果	团队类型	研究方法	主要发现
Ensley et al., 2007	薪酬分散	短期与长期薪酬的变异系数	情感冲突；认知冲突；凝聚力；效能	家族企业性质	企业绩效	高管团队	问卷	薪资差异会提升高管团队的情感冲突，降低认知冲突、凝聚力和效能，上述效应在家族企业更加强烈。
Foo et al., 2006	存在明确的领导	虚拟变量（所有成员认为领导力最高者是否为同一人）	—	—	团队活力；成员满意度	创业团队	问卷；访谈	当创业团队中存在明确的领导时，会显著提升成员满意度，而对感知到的团队活力无显著影响。
Smith et al., 2006	权力分布	权力的变异系数	—	—	企业绩效	高管团队	问卷	高管团队权力差异对企业绩效有积极影响。
Siegel & Hambrick, 2005	薪酬差异	短期和长期薪酬的变异系数	合作*	技术密集度	企业绩效	高管团队	二手数据；问卷	高管团队薪酬差异不利于技术密集型企业绩效；对于非技术密集型企业则无显著影响。

续表

研究者	变量名	测量方式	作用机制	调节因素	团队后果	团队类型	研究方法	主要发现
Carpenter & Sanders, 2004	薪酬差距	总经理薪酬与高管其他四位的平均成员薪酬之比	信息加工*	企业国际化程度	企业绩效	高管团队	二手数据	总经理和高管团队成员之间的薪酬差距不利于企业绩效，且该效应会随着企业的国际化程度升高而增强。
Beersma et al., 2003	报酬结构	实验操纵（平均分配或奖励绩效最高成员）	—	任务维度；团队人格构成	团队绩效	实验室团队	实验	平等的报酬结构有利于任务质量，不利于任务速度；当团队由外倾性、宜人性高的成员构成时，平等的报酬结构有利于团队绩效。
Bloom, 1999	薪酬差异	薪酬的基尼系数、变异系数	—	—	团队绩效	棒球队	二手数据	薪酬差异不利于团队绩效。

资料来源：近20年的团队层级后果实证研究；其中*代表文中层级的作用机制只是理论推导，并未得到实证检验；部分研究只列举了主要发现。

鉴于本研究关注创业团队情境下权力层级的效应，我们还需要对创业团队的定义和情境特征进行深入的了解。Knight et al. (2020) 对创业团队领域近10年来发表的150多篇文章进行了回顾与整理，他们发现来自组织行为、战略及金融等不同学科领域和理论关注点的研究者对创业团队的定义不尽相同。这些多元化定义之间的区别主要集中在以下三个维度：第一，拥有股权的程度不同。在一些研究者的定义中，只有拥有新创企业一定比例以上的股权（例如，10%，Ucbasaran et al.，2003）的成员才可以被认定为创业团队成员，另一些研究者的定义中则未做此限制（De Jong et al.，2013；Klotz et al.，2014）。第二，战略决策的自主权不同。在一些定义中，创业团队成员仅仅是参与新创企业的战略决策（Grandi & Grimaldi，2003；Lazar et al.，2020；Misganaw，2018），而另一些研究者则强调只有能够对新创企业的经营决策产生重大影响的成员才可以被认定为创业团队成员（Ensley et al.，2000；Klotz et al.，2014），从而排除了那些仅出资入股而并未参与新创企业实际运营的成员。第三，团队的实体性，即"像一个团队一样拥有清晰的边界、内部同质性、社会互动、清晰的内部结构、共同的目标和命运等属性"（Hogg et al.，2007）的程度不同。大多数定义中，创业团队实体性的水平都比较高，是一种相对小规模的、密切互动的团队（Ensley et al.，2000；Simsek et al.，2015）。基于本研究的理论关注点和取样情境，我们选择了相似研究情境下被广泛使用的一种创业团队定义，即创业团队是指由对新创企业的战略决策和经营管理负责的几位核心管理者所组成的团队（Klotz et al.，2014）。

相比于研发团队或运动团队等其他的团队类型，创业团队情境具有以下几点特殊性。首先，在激烈的竞争下抓住稍纵即逝的市场机遇要求创业团队有高效协作的能力，因此层级化的权力结构能够更好地满足这一需求。然而，瞬息万变的创业环境同时要求创业团队成员群策群力、集思广益、时刻保持充分的信息交换，从而做出最利于新创企业发展的战略决策。从这一角度出发，平等的创业团队权力结构似乎比层级化的权力结构更有优势。由此可见，创业团队面临的特殊情境凸显了层级功能主义与功能障碍主义视角之间的张力，因而为我们研究创业团队权力层级对新创企业的作用带来了挑战和机遇。其次，与高管团队等成熟组织中的工作团队相比，创业团队处于一种弱情境之中，即团队成员之间的互动较少受到组织中既定的制度、文化因素的影响。因此，创业团队的互动和行为会对新创企业后果带来更加直接的影响（Hmieleski & Ensley，2007；Klotz et al.，2014），从而更有利于我们观测创业团队权力层级与新创企业绩效之间的关系。

在表 2.2 中汇总的 45 篇团队层级实证研究中，有 7 篇研究在理论推导或实证取样部分聚焦于本研究所关注的创业团队情境（Bird et al.，2020；Breugst et al.，2015；Foo et al.，2006；Hellmann & Wasserman，2017；Snihur & Zott，2020；Yu et al.，2019；季浩等，2019）。此外，尽管没有直接探索权力层级的效应，创业团队领域亦有一些实证研究提供了创业团队权力层级与新创企业绩效之间关系的间接证据（Chen et al.，2017；Ensley et al.，2006；Kroll et al.，2007；Zhou，2016）。通过对这些研究结论的梳理，我们发现与团队层级研究领域一致，创业团队权力层级的现有研究同样存在层级功能主义视角与功能障碍主义视角之间的割裂和对立。

一方面，研究者发现了创业团队权力层级会为新创企业带来积极影响。例如，Hellmann 和 Wasserman（2017）针对 1367 个来自美国和加拿大的创业团队研究发现，创业团队成员之间平等的股权分配对新创企业绩效有消极影响。并且，许多研究者提出的创业团队权力层级积极效应的理论依据印证了层级功能主义视角的观点。例如，Foo et al.（2006）的研究则发现在充满不确定性的创业环境中，集中的创业团队权力结构更有优势。因为一个清晰、明确的领导会像主心骨一样，在面临激烈的外部竞争时凝聚团队，从而显著提升成员的满意度。此外，Snihur 和 Zott（2020）历时 7

年的多案例纵向访谈研究还发现了创业团队权力集中的决策方式有利于新创企业实现商业模式创新。具体而言，集中的权力结构更有可能使创业团队在新创企业的创新决策上达成共识。相比之下，如果每个创业团队成员都拥有较高的权力，则会在很大程度上降低新创企业商业模式创新的可能性，因为大家往往很难就未经证实的提议达成一致。

另一方面，一些研究者则发现创业团队权力层级会为新创企业带来消极的影响，这些研究发现的理论解释与层级功能障碍主义视角的观点不谋而合，例如创业团队内部的权力层级差异会令团队成员们感受到不平等，从而激发冲突，降低团队凝聚力。例如，Breugst et al.（2015）关于16个创业团队的访谈研究发现，创业团队平等的股权分布会提升团队成员对于股权分布的公平感知，从而提升团队内部的信任和凝聚力。此外，Kroll et al.（2007）针对524家新创企业的二手数据研究发现，不平等的股权分布会阻碍团队成员之间的信息加工，进而削弱初始创业团队成员持股比例对新创企业绩效的积极影响。

此外，也有研究者发现了创业团队情境下权力层级与新创企业绩效之间可能存在权变因素。例如，季浩等（2019）针对46个大学生创业实践团队的研究发现，权力层级与团队创业绩效之间的关系取决于团队中权力与地位的匹配程度，即层级一致性。当层级一致，即权力和地位匹配时，权力层级通过降低权力争夺促进团队绩效；反之，当层级不一致时，权力层级则会加剧权力争夺，进而抑制团队绩效。Breugst et al.（2015）则发现当创业团队面临外部威胁时，由平分股权带来的股权分配公平感知所产生的积极团队互动会转变为消极互动。

通过梳理创业团队情境下的权力层级研究，我们可以发现创业团队权力层级与新创企业绩效之间很可能存在权变的关系。因此，了解创业团队权力层级是什么，它究竟何时促进或抑制新创企业绩效，有哪些权变因素会影响这一关系，以及创业团队权力层级的权变效应如何作用于新创企业绩效对于相关理论和实践均有重要的启示意义。

第六节 现有创业团队权力层级研究的不足

从以上文献回顾中，我们可以看出团队层级研究领域在过去 20 年间取得了长足进展。随着近年来创业团队研究领域的发展，创业团队权力层级研究主题开始获得越来越多的关注和探讨。特别是在过去 5 年间，研究数量和质量都明显提升。尽管这些研究对于我们理解创业团队权力层级与新创企业绩效的关系具有重要意义，但是当前文献仍然存在以下三个方面的不足，有待后续研究进一步改进和发展。

第一，现有研究通常探讨创业团队权力层级的主效应，而忽略了潜在的权变因素，尤其是多种权变因素之间的复合作用对创业团队权力层级与新创企业绩效关系的影响。过往创业团队权力层级研究的关注点主要集中在创业团队权力结构所直接产生的主效应上（Breugst et al., 2015; Foo et al., 2006），发现层级化的权力结构有可能为创业团队及新创企业带来积极（Foo et al., 2006; Snihur & Zott, 2020）或消极（Breugst et al., 2015; Chen et al., 2017; Ensley et al., 2006; Zhou, 2016）的影响。然而，这些研究忽略了不同创业团队所面临的内外部情境不尽相同，因此权力层级与新创企业绩效之间或许并不存在一成不变的影响关系；相反，与特定情境因素相匹配的权力结构才能使得创业团队取得最佳的绩效表现。结构权变理论（Donaldson, 2001）指出，组织或团队的结构（例如，权力层级）与绩效之间并不存在绝对正确的二元线性关系，而是会受到情境权变因素的影响。因此，在不同的权变因素取值高或低的情况下，创业团队权力层级与新创企业绩效之间会呈现截然相反的作用关系。

第二，现有研究没有打开创业团队权力层级作用于新创企业绩效的"黑箱"，忽略了创业团队权力层级的权变作用与新创企业绩效之间的过程机制。现有的创业团队权力层级研究大多数是基于新创企业高管团队的二手数据分析，实证方法上难以对团队层级的过程机制进行深入的刻画。理论层面上，采用结构权变理论（Burns & Stalker，1961；Donaldson，2001）的实证研究通常也未能解释权变因素调节结构作用的过程机制（Hollenbeck et al.，2002）。此外，早期关于创业团队的研究大多从高阶梯队理论视角（Hambrick，1995）出发，直接把创业团队特征与新创企业后果相关联，而并未揭示这一因果关系之间的作用机制（Beckman，2006；Kroll et al.，2007；McGee et al.，1995）。因此，现有研究没有充分打开创业团队作用于新创企业绩效的"黑箱"，忽略了创业团队权力层级的权变作用与新创企业绩效之间的过程机制，从而限制了我们深入了解创业团队权力层级与新创企业绩效之间的关系。

第三，现有研究仅探讨层级强度的效应，默认创业团队权力层级结构通常表现为金字塔形，忽略了不同的创业团队权力层级构型可能对新创企业绩效带来的影响。在现有的创业团队权力层级研究中，绝大多数研究者并没有对权力层级的概念内涵做出细致的界定。研究者们主要聚焦于对比平等和不平等的权力结构之间的差异（Breugst et al.，2015；Hellmann & Wasserman，2017；Snihur & Zott，2020），通常用二分的哑变量（平等或不平等的权力分布）来简单地刻画创业团队权力层级，因而未能深入区分探讨权力层级的具体构型。此外，与主流的权力层级研究相一致，另一些研究者默认创业团队权力层级结构通常表现为金字塔形，通过计算基尼系数、变异系数等反映集中度的相关指标来探究创业团队权力层级强度的效应（Kroll et al.，2007）。然而，现有研究忽略了不同的创业团队权力层级构型可能对战略决策及新创企业绩效带来的影响。根据 Allison（1978），正是由于学者们对同一构念的定义和操作化方式不一致，相应选择的理论机制和测量有所不同，进而会得出冲突的研究结论。因此，对创业团队权力层级概念本身刻画的模糊会制约我们对该研究领域的深入探索。

第七节　创业团队权力层级研究有待进一步研究的方向

结合前文对团队层级研究进展的评述，我们发现创业团队权力层级研究主题还存在许多值得进一步探索的空间。接下来，本研究将从权变因素、作用机制和概念内涵三个方面对未来的创业团队权力层级研究进行简要展望。

一　从单一因素到多重权变机制，提升生态效度

以往大多数探讨权力层级权变作用的研究都集中在探索单一权变因素（Carpenter & Sanders，2004；Greer & Van Kleef，2010），或者独立检验了多个权变因素的作用（Beersma et al.，2003；He & Huang，2011）。并且，这些研究主要从结构权变理论视角出发，关注团队的权力结构是否能够满足特定的情境需求。但是，权力层级的文献进一步提醒我们，在评估团队权力结构的适用性时，还应该考虑内部成员对既有团队结构的接受程度（Halevy et al.，2011；Tarakci et al.，2016）。根据权力层级文献与结构权变理论，研究者可以同时考虑情境需求和成员对团队权力结构的接受程度。相比于一般的工作团队，创业团队处于连接新创企业内外部的边界，会直接受到核心创业者特征、团队特征、新创企业及外部环境特征等多种内外部权变因素的综合影响。因此，未来的创业团队权力层级研究应该更加深入探索多种权变因素的复合作用对权力层级与新创企业绩效关系的影响，从而为多个权变因素如何交互影响权力结构的适用性提供更细致的解释。

二 从间接推断到建构过程机理，提升内部效度

早期的团队层级研究有许多是基于运动团队或高管团队的二手数据分析，实证方法上难以对团队层级的过程机制进行深入的刻画。回顾本书中归纳的 45 篇团队层级实证研究，其中有近一半的研究没有打开团队层级的作用机制，还有一些研究仅在理论推导时提出某一机制，却并未进行实证检验（见表 2.2）。在明确探索团队层级作用机制的实证文章中，研究者更多关注到了团队层级对团队过程的影响，例如促进协调和合作（Halevy et al.，2012）、激发或解决冲突（Bunderson et al.，2016；Ensley et al.，2007；Ronay et al.，2012）、促进或抑制权力争夺（Greer & Van Kleef，2010；季浩等，2019）等，而较少关注到了团队涌现状态，例如降低信任（Yu et al.，2019）、凝聚力（Ensley et al.，2007）和集体心理所有权（Slade Shantz et al.，2020）。因此，在实证方法上，未来的创业团队权力层级研究应不仅仅局限于二手数据分析，而是结合多轮问卷或访谈等研究方法，从间接推断到直接打开"黑箱"。理论层面上，未来研究可以将高阶梯队理论、结构权变理论等宏观视角与团队研究的 IMO 框架等微观视角相结合，更加全面地检验创业团队权力层级对多种团队过程和涌现状态的影响，进一步丰富拓展创业团队权力层级的作用机制。

三 从聚焦强度到全面刻画构型，提升理论解释力

如前所述，现有的团队层级研究中，绝大多数研究者并没有对层级的概念内涵做出细致的界定，仅聚焦于发掘层级的强度对团队带来的影响。然而，本书介绍了团队层级概念内涵具有基础和形式两个维度，每个维度内均有多种定义和测量的选择。未来研究可以通过更加细致全面地刻画层级的概念内涵从而做出新颖的理论贡献。首先，现有研究大多只关注单一基础的团队层级，仅有个别研究关注到了多种基础的层级之间的匹配或交互效应（Slade Shantz et al.，

2020；季浩等，2019）。未来研究可以在创业情境下深入探索权力与地位不匹配的层级结构会给创业团队带来怎样的影响。例如，在Clarysse和Moray（2004）研究的创业团队中，虽然由投资者任命的总经理拥有很高的权力，但是在其他创业团队成员中，反而是原来的创始人（技术专家）拥有更高的地位，被大家看作非正式领导。因此，权力与地位之间可能存在不匹配的情况，在高度变化、不可预测的动荡创业情境中尤为如此。其次，许多研究只是将团队层级宽泛地定义为不平等，而未来研究应根据具体的理论问题来选择采用集中度、陡度、阶层化或无环性作为层级的表现形式，并注意层级构念和测量之间的匹配。例如，如果研究者希望关注层级中清晰的顺从链条对团队协作或信息加工的影响，采用轮转法问卷测量团队的网络层级公式（Krackhardt，1994）来测量层级的无环性比通过二手数据计算团队成员薪酬或股权的集中度更加贴切。此外，现有研究默认团队层级通常表现为金字塔形，未来研究应根据具体的研究情境和样本特征来描述相应的层级形状，进一步探索不同的权力层级构型对创业团队及新创企业带来的影响。

综上，我们认为未来研究应从以下几个方面探索创业团队权力层级与新创企业绩效之间的关系。第一，在探讨创业团队权力层级的主效应之外，探索影响这一关系的潜在权变因素，尤其是多种权变因素之间的复合作用对创业团队权力层级与新创企业绩效关系的影响；第二，打开创业团队权力层级作用于新创企业绩效的"黑箱"，揭示创业团队权力层级的权变作用与新创企业绩效之间的过程机制；第三，在传统的金字塔形基础之上，探索其他可能的权力层级构型对创业团队及新创企业绩效带来的影响。在后续章节中，我们将围绕以上研究进展与不足之处，构建一个以创业团队权力层级与新创企业绩效关系为核心的整合性权变理论框架，并开展三个系列实证研究进行检验。

第 三 章

主要研究框架

围绕我们在绪论中提出的研究问题,并针对文献综述部分总结的以往研究的不足,我们以创业团队权力层级与新创企业绩效关系为核心,尝试构建一个内外部整合的权变研究框架,设计了包括三个子研究在内的一组系列研究。

子研究一旨在探究影响创业团队层级作用的复合权变因素,我们提出当创业团队同质性(例如,职能背景同质性与共同团队经历)低时,创业团队权力层级对新创企业绩效有积极影响;当创业团队同质性高时,创业团队权力层级对新创企业绩效有消极影响。并且,在一个异质(同质)的创业团队中,当权力持有者拥有更多的过往创业经历时,创业团队权力层级对新创企业绩效的积极(消极)影响会更加强烈。

子研究二试图揭示创业团队权力层级的权变作用与新创企业绩效关系的过程机制。在子研究一提出的内部权变因素基础上,我们首先提出新冠疫情事件强度这一外部权变因素调节了创业团队权力层级与新创企业绩效之间的关系。此外,我们进一步提出探索式学习与利用式学习在创业团队权力层级和新冠疫情事件强度的交互与新创企业绩效的关系中起中介作用。

子研究三则在子研究一和子研究二关于权力层级强度效应的基础上,深入探究不同构型的创业团队权力层级如何影响新创企业绩效。以结构权变理论（Burns & Stalker，1961；Donaldson，2001）和权力层级相关文献（Anderson & Brown，2010；Greer et al.，2018；Magee & Galinsky，2008）作为理论基础，本研究构建了一个创业团队权力层级构型与新创企业绩效关系的战略决策机制概念模型。具体地，子研究三提出相比于倒金字塔形的权力层级，金字塔形的创业团队权力层级会积极影响新创企业的研发投资决策。并且，这种积极效应会随着层级稳定性和组织冗余的降低而更加强烈。此外，研发投资决策在金字塔形的创业团队权力层级与新创企业绩效之间的关系中起中介作用。

我们在图 3.1 中呈现本研究总体的理论构思模型。

第一节　创业团队权力层级与新创企业绩效关系的复合权变机制研究

以往关注权力分配对于创业团队和新创企业运行的研究主要聚焦于创业团队权力结构所直接产生的主效应上，发现层级化的权力结构有可能为创业团队及新创企业带来积极（Foo et al.，2006；Snihur & Zott，2020）或消极（Breugst et al.，2015；Chen et al.，2017；Ensley et al.，2006；Zhou，2016）的影响。此外，在权力层级研究领域中，功能主义视角与功能障碍主义视角之间也长期存在激烈的争论。

为了更好地理解创业团队权力层级何时促进或抑制新创企业绩效，子研究一借鉴了结构权变理论（Burns & Stalker，1961；Donaldson，2001）和权力层级相关文献（Anderson & Brown，2010；Greer et al.，2018；Magee & Galinsky，2008）来解释创业团队权力层级对新创企业绩效的影响。结构权变理论认为，组织或团队结构（例如，权力的集中或平等）与其绩效之间并不存在绝对正确的二元线性关系；一种结构的适用性取决于特定情境下的具体需求（即权变因素）

第三章 主要研究框架 51

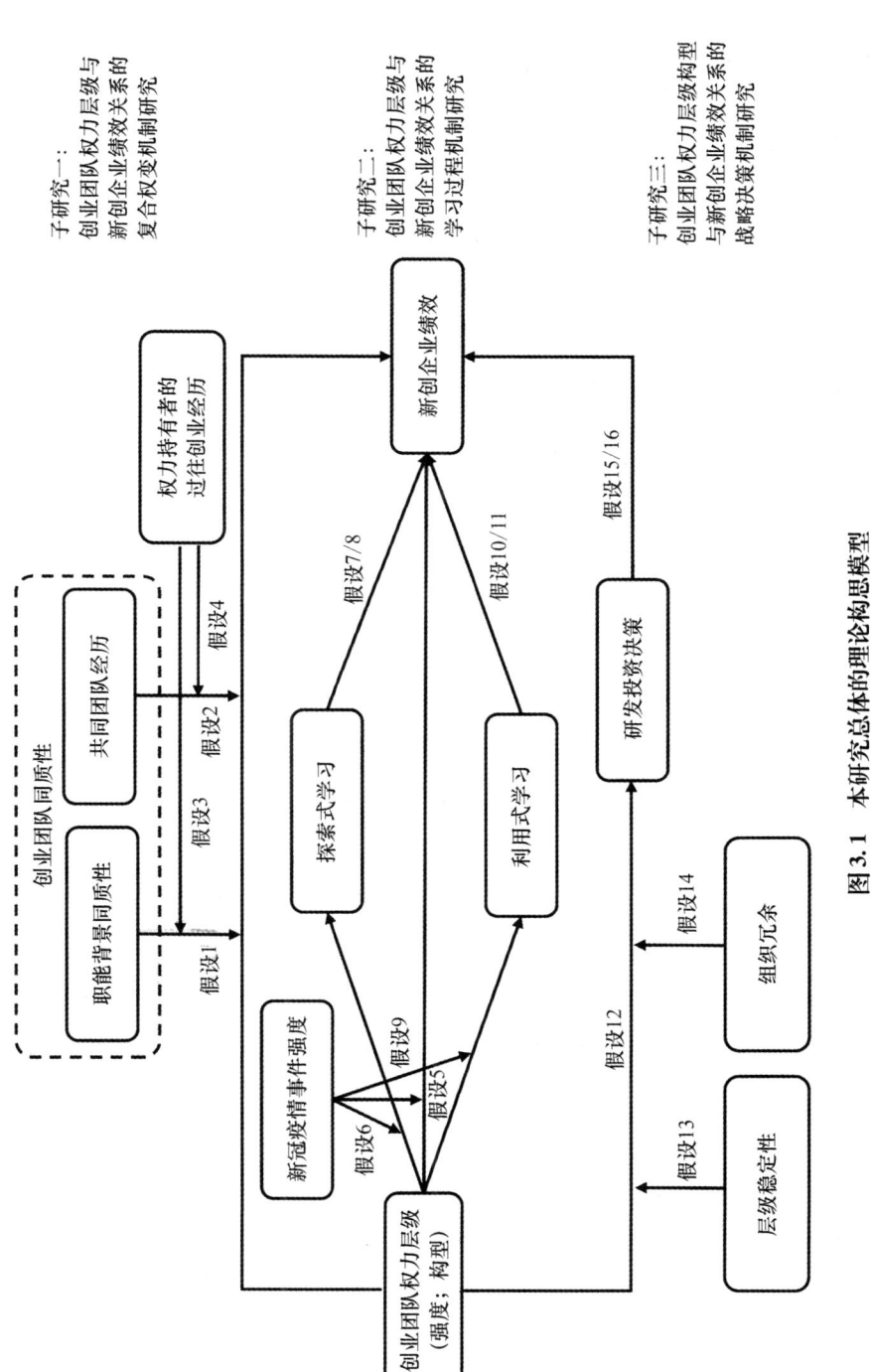

图 3.1 本研究总体的理论构思模型

(Donaldson, 2001; Hollenbeck et al., 2012)。我们提出，不同情境下是否需要权力层级取决于两大创业团队同质性特征：职能背景同质性和共同团队经历。职能背景同质性指创业团队成员主要职能背景的相似性（Westphal & Bednar, 2005），共同团队经历指创业团队成员一起共事的经历（Kor, 2006）。这两大特点决定了创业团队成员是否持相同的观点，因此也反映了创业团队在此情境下面临的主要挑战。当创业团队成员拥有的信息是异质的（例如，职能背景同质性或共同团队经历低）时，他们更容易产生内部冲突（Bunderson & Van der Vegt, 2018）；此时权力层级可以通过协调成员内部关系、调和有分歧的观点，从而更好地做出集体决策。相反，当创业团队成员拥有的信息是同质的（例如，职能背景同质性或共同团队经历较高）时，权力层级反而会削弱绩效，因为它阻碍了成员分享和整合不同的观点，从而导致低质量的集体决策。

除了不同情境的需要，权力持有者（即核心创业者或领导者）的特征是决定团队权力结构适用性的另一个重要因素（Donaldson, 2001; Hambrick & Cannella Jr., 2004）。权力层级的文献指出，权力持有者的能力会影响到创业团队其他成员是否愿意顺从和接受已有的权力层级（Halevy et al., 2011; Tarakci et al., 2016），从而影响权力层级对于决策效率的提升和对于决策质量的损害。在本研究中，我们采用权力持有者创业经历反映其能力。当创业团队的同质性低且权力持有者创业经历较高时，创业团队的权力层级对新创企业绩效的积极作用被加强；当创业团队的同质性高且权力持有者创业经历较高时，创业团队的权力层级对新创企业绩效的消极作用被加强。

子研究一关注创业团队同质性（职能背景同质性与共同团队经历）和权力持有者能力（过往创业经历）这两种关键的权变因素，并考察其复合作用对创业团队权力层级—新创企业绩效关系的影响，这为后续构建并检验有关创业团队权力层级的整合性权变理论框架奠定了基础。我们基于来自全国中小企业股份转让系统（新三板）

中的 285 家互联网新创企业 5 年的面板数据（共计 460 个观测值）及 16 场针对样本企业创业团队成员的半结构化访谈数据来检验所提出的假设模型。

第二节　创业团队权力层级与新创企业绩效关系的学习过程机制研究

以往关于创业团队的研究大多从高阶梯队理论视角（Hambrick，1995）出发，直接把创业团队特征与新创企业后果相关联，而并未揭示这一因果关系之间的作用机制（Beckman，2006；Kroll et al.，2007；McGee et al.，1995）。此外，采用结构权变理论的实证研究通常也未能解释权变因素与结构之间的交互作用于团队绩效的过程机制（Hollenbeck et al.，2002）。这样一来，我们就难以解析创业团队权力层级与权变因素之间的匹配是如何影响创业团队互动过程并最终促进或抑制新创企业绩效这一问题。

为了完善上述当前文献存在的不足和进一步发展创业团队权力层级的权变研究，在子研究二中我们将探讨创业团队权力层级的权变作用通过何种过程机制影响新创企业绩效这一问题。为了回答上述研究问题，本研究基于结构权变理论和双元学习理论（He & Wong，2004）来发展理论模型。在这个模型中，本研究提出新冠疫情事件强度调节了创业团队权力层级与新创企业绩效之间的关系。当新冠疫情事件强度高时，创业团队权力层级促进新创企业绩效；当新冠疫情事件强度低时，创业团队权力层级抑制新创企业绩效。特别地，探索式学习和利用式学习在创业团队权力层级和新冠疫情事件强度的交互与新创企业绩效的关系中起中介作用。

子研究二围绕探究创业团队权力层级的权变作用如何影响新创企业绩效这一具体问题，在子研究一的基础上探究新冠疫情事件强度这一外部权变因素对创业团队权力层级—新创企业绩效关系的影响，并基于结构权变理论和双元学习理论打开这一影响关系中的双元学习过程机制，进一步拓展创业团队权力层级的整合性权变理论框架。我们采用来自杭州的86家新创企业的248位创业团队成员的问卷调查数据来验证所提出的假设模型。

第三节 创业团队权力层级构型与新创企业绩效关系的战略决策机制研究

当前文献除了上述未能深入探索创业团队权力层级与新创企业绩效关系之间的权变因素和作用机制的局限性，还存在的另一个不足之处就是对权力层级本身缺乏清晰的刻画。以往创业团队权力层级研究主要聚焦于对比平等和不平等的权力结构之间的差异（Breugst et al., 2015; Hellmann & Wasserman, 2017; Snihur & Zott, 2020），通常用二分的哑变量（平等或不平等的权力分布）来简单地刻画创业团队权力层级，因而未能深入区分探讨权力层级的具体构型。此外，传统的权力层级研究和结构权变理论通常仅关注权力层级强度的效应，假定团队权力层级的结构表现为集中式的金字塔形，其中有价值的资源集中在一个或少数几个成员身上（He & Huang, 2011; Smith et al., 2006; Tarakci et al., 2016）。

因此，在子研究三中，我们借鉴前沿的权力层级研究文献，识别创业团队中可能存在除金字塔形之外的其他权力层级构型（Wellman et al., 2020; Yu et al., 2019），并比较不同的权力构型对创业团队及新创企业绩效的影响。基于子研究二的发现，子研究三特别关注研发投资决策这一具体的探索式创新决策在创业团队权力层级的权变效应中所起到的作用。特别地，子研究三提出相比于倒金字塔形的权力层级，金字塔形的创业团队权力层级会积极影响新创企业的研发投资决策。并且，这种积极效应会随着层级稳定性和组织冗余的降低而更加强烈。此外，研发投资决策在金字塔形的创业团队权力层级与新创企业绩效之间的关系中起中介作用。

在子研究一和子研究二关于层级强度的探索基础之上，子研究三考察不同的权力构型对创业团队及新创企业绩效的影响，并进一步识别和检验研发投资决策的中介作用以及层级稳定性、组织冗余的调节作用，进而完善创业团队权力层级的整合性权变理论框架。我们采用来自深圳证券交易所创业板上市的 363 家新创企业 9 年的面板数据（共计 1277 个观测值）来检验所提出的假设模型。

第 四 章

创业团队权力层级与新创企业绩效关系的复合权变机制研究[*]

第一节 问题提出：创业团队权力层级何时促进或抑制新创企业绩效？

创业团队究竟应该采用层级化还是扁平化的权力结构？针对这一问题，多位创业者和投资人给出了截然不同的答案。小米创始人雷军（2019）曾指出权力层级对创业团队的重要性："平均分配股权要谨慎，防止出现原则性争执的时候没有人调节，如果是多人创业，应该有权威存在。"硅谷著名的连续创业者兼投资人 Elad Gil（2017）认为，创业团队的权力应集中于一位核心创始人手中，而不是平均地分配给创业团队成员，因为在集权的团队中，所有成员"都非常清楚决策是如何制定的，谁负责拍板"，因此能有效化解团队分歧。然而，实践者们也注意到了权力过于集中可能带来的弊端。例如，奇虎360创始人周鸿祎（2016）认为，在集权式的创业团队

---

[*] 本部分内容已发表，见 Xie, X., Feng, W., & Hu, Q., Does New Venture Team Power Hierarchy Enhance or Impair New Venture Performance? A Contingency Perspective", *Journal of Business Venturing*, Vol. 35, No. 6, 2020.

中，过分依赖权力持有者容易导致"一言堂"的现象，无益于会聚团队的集体智慧做出明智的决策。

创业团队权力层级的作用在理论界同样长期存在争议。一方面，有学者发现层级化的权力结构更有利于提升创业团队决策效率（Breugst et al., 2015）。秉持层级功能主义视角的学者提出，层级最基本的功能是建立秩序，明确团队内部的顺从关系和角色分工，因此许多研究者发现权力层级可以有效地促进团队内部的任务协调，并通过使低层级个体顺从于高层级个体来有效地解决团队成员之间的分歧和争议，减少团队冲突（Greer & Van Kleef, 2010；Halevy et al., 2011）。另一方面，学者们发现平等的股权或领导者角色分配更有利于充分调动创业团队成员的集体智慧，从而促进创业绩效（Chen et al., 2017；Ensley et al., 2006；Zhou, 2016）。秉持层级功能障碍主义视角的研究者认为，层级化的权力结构会令团队中的高权力个体更可能采取"趋近"的反应模式，例如更关注机会，表现出积极情绪和冒险行为；而低权力个体则更倾向于采取"抑制"的反应模式，例如更留意威胁，表现出消极情绪和抑制行为（Keltner et al., 2003）。因此，团队内的权力差异会使处于不同权力层级的个体采取不同的行为模式，进而对信息加工、学习等团队互动过程和团队绩效造成消极影响。创业者和研究者们这些截然相反的观点告诉我们，创业团队权力层级在新创企业中的作用仍有待进一步探讨，研究这一理论问题能够为创业团队的权力结构设计提供理论和实践启示。

在本研究中，我们借鉴了结构权变理论（Burns & Stalker, 1961；Donaldson, 2001）和权力层级的相关文献（Anderson & Brown, 2010；Greer et al., 2018；Magee & Galinsky, 2008），尝试解答创业团队权力层级对新创企业绩效的影响。结构权变理论认为，组织或团队的结构（例如，权力的集中或平等）与其绩效之间并不存在绝对正确的二元线性关系；一种结构的适用性取决于特定情境下的具体需求（即权变因素）（Donaldson, 2001；Hollenbeck et al., 2012）。我们认为，不同情境下是否需要层级化的创业团队权力结构取决于两大创业团队同质性特征：职能背景同质性和共同团队经历。职能背景同质性指创业团队成员主要职能背景的相似性（Westphal & Bednar, 2005），共同团队经历指创业团队成员曾经一起共事的经历（Kor, 2006）。这两种特征影响创业团队成员所持观点的相似性，因此也反映了创业团队在具体情境下面临的主要挑战。当创业团队成员拥有的信息是异质的（例如，职能背景同质性或共同团队经历较低）时，他们更容易产生内部冲突（Bunderson & Van der Vegt, 2018）；而权力层级则可以通过协调成员内部关系，调和有分歧的观点，更高效地做出集体决策，从而提升新创企业的绩效。相反，当创业团队成员拥有的信息是同质的（例如，职能背景同质性或共同团队经历较高）时，权力层级反而会降低新创企业绩效，因为它阻碍了成员分享和整合不同的观点，从而导致低质量的集体决策。

除了不同情境的需求，权力持有者（即核心创业者或领导者）的特征是影响团队权力结构适用性的另一个重要的权变因素（Donaldson, 2001；Hambrick & Cannella Jr., 2004）。权力层级的文献指出，权力持有者的能力会影响创业团队其他成员顺从和接受已有权力层级的意愿（Halevy et al., 2011；Tarakci et al., 2016），从而影响权力层级对于决策效率的提升和对于决策质量的损害。因此，我们认为，创业团队权力层级与权力持有者能力的匹配可以解释特定创业团队同质性情境下的新创企业绩效差异。在本研究中，我们采用权力持有者创业经历来表征其能力。结合本研究背景及创业领域的相关文献，我们发现过往创业经历能有效反映创业者的创业能力（Jin et al., 2016；Ko & McKelvie, 2018）。连续创业者大多比新手创业者更有经验和能力（Baron & Ensley, 2006；Ucbasaran et al., 2009），因此更可能受其他创业团队成员的尊敬。因此，当创业团队的同质性低且权力持有者创业经历高时，创业团队的权力层级对新创企业绩效的积极作用被加强；当创业团队的同质性高且权力持有者创业经历高时，创业团队的权力层级对新创企业绩效的消极作用被加强。

我们选取了新三板挂牌的 285 家互联网新创企业，截取了横跨 5

年的面板数据（共计 460 个观测值），同时补充了 16 场质性访谈，以验证我们的假设是否成立，并寻求相应的佐证依据。本研究主要做出了以下三个方面的贡献。第一，本研究的结果对于我们了解创业团队权力层级对新创企业绩效的影响提供了新的视角，具体来说，我们发现了创业团队同质性与权力持有者创业经历所起到的权变作用。第二，我们探索了创业团队垂直维度的不平等与水平维度的多样性之间的交互作用，并针对创业团队构成与新创企业绩效的关系展开了讨论。第三，我们研究了包括团队构成及团队负责人特征在内的多种权变因素对创业团队权力层级与新创企业绩效关系的影响，推动了结构权变理论的发展。图 4.1 呈现了子研究一创业团队权力层级与新创企业绩效关系的复合权变机制概念模型，我们将在下面的小节中详细论述假设关系的理论逻辑。

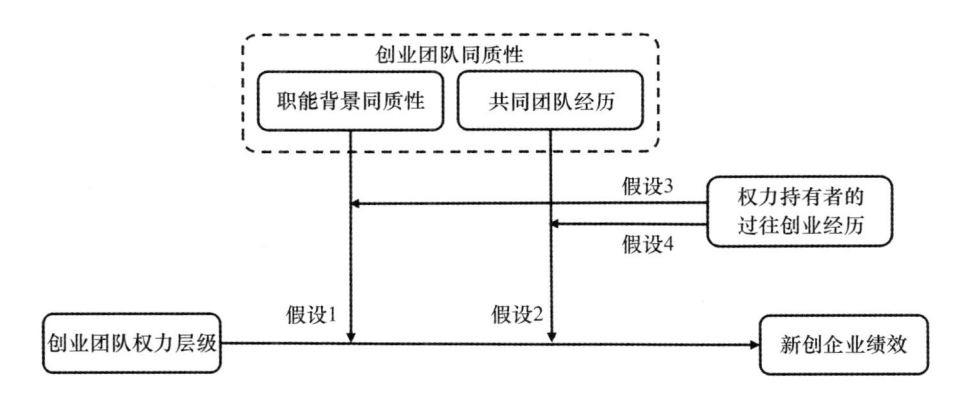

图 4.1　子研究一创业团队权力层级与新创企业绩效关系的复合权变机制概念模型

第二节　理论基础和假设提出

一　创业团队权力层级和新创企业绩效

权力是对有价值的社会资源非对称的掌控，那些拥有更多权力的人在团队中的影响力通常更大（Anderson & Brion, 2014; Emerson，1962；Magee & Galinsky，2008）。权力层级指对有价值的资源的掌控以及影响他人的能力集中于一位或少数几位团队成员的程度（Bunderson et al.，2016）。以往许多研究探究了权力层级对团队绩效的影响（Anderson & Brown，2010；Halevy et al.，2011；Greer et al.，2018；Magee & Galinsky，2008），但研究结果并不完全一致。从功能主义视角出发，权力层级可以减少分歧，提升团队决策效率（Halevy et al.，2011；He & Huang，2011）。在创业团队集体决策过程中，如果低权力成员服从高权力成员的决定，截然不同的意见也能轻易得以调和。因此，和平等的权力结构相比，权力层级有利于提升创业团队的决策效率，进而提升新创企业绩效。

相反，功能障碍主义视角指出，权力层级也会让团队付出不容忽视的代价。强调权力的等级次序会让团队成员误认为拥有更多权力的人更能控制局面（Anderson & Brion，2014）。权力层级分明的团队在做集体决策时往往更看重高权力成员的意见，而非综合考虑团队所有成员的意见，因此容易使决策产生偏差（Anderson & Brown，2010）。从这个角度来说，尽管权力层级能有效提升创业团队的集体决策效率，但由于过分依赖高权力成员，无法保证决策质量，从而可能削弱新创企业绩效。Hendricks et al.（2019）发现，当新创企业由权力较高的总经理（例如，控股的创始人）掌控时，他们通常不太愿意听取管理团队的建议，从而对新创企业的发展造成不利的影响。

结构权变理论（Burns & Stalker，1961；Donaldson，2001）提出，并不存在一个能够适用于所有组织的最佳结构，适应组织具体权变因素的结构才是最有效的。权变因素包括环境条件和技术变革（Burns & Stalker，1961）等外部权变因素以及组织规模（Child，1975）、战略类型（Eesley，Hsu & Roberts，2014）、任务不确定性（Gresov，1990）及总经理特征（Hambrick & Cannella Jr.，2004）等内部权变因素。然而，结构权变理论并没有具体指出哪些权变因素决定了创业团队权力层级对新创企业绩效的影响。因此，我们进一步借鉴了权力层级相关的文献（Greer et al. , 2018；Tarakci et al. , 2016），这些文献基于经典的权变理论进行了适当拓展，帮助我们确定究竟是哪些权变因素影响了创业团队集权或平权结构的适用性。

首先，值得注意的是，功能主义视角和功能障碍主义视角对于情境的需求持有不同的前提假定，即创业团队成员拥有同质信息和相似观点（即创业团队同质性）的程度并不一致。功能主义视角假定创业团队成员持有截然不同的意见，此时权力层级能有效解决分歧（Greer & Van Kleef, 2010）。但功能障碍主义视角则假定创业团队成员持有相似的观点，因此没有必要建立权力等级；此时，权力层级可能阻碍信息交换，降低团队绩效（Bunderson & Reagans, 2011；Haleblian & Finkelstein, 1993）。因此，创业团队中信息同质性程度决定了其面临的主要挑战是提升决策效率还是决策质量，从而决定创业团队权力层级对新创企业绩效的最终影响。本研究提出，创业团队权力层级对新创企业绩效的作用取决于创业团队同质性水平。我们采用职能背景同质性以及共同团队经历来衡量创业团队的同质性，因为两者均反映了创业团队成员是否持有相似观点。与基于社会分类（例如性别）的创业团队构成变量不同，职能背景同质性和共同团队经历均与工作经历相关，与信息交换和决策过程的相关度更高（Bunderson & Van der Vegt, 2018），所以更适用于我们的理论框架。职能背景同质性是一种成员在加入创业团队前的历史特征，属于创业团队既定的特征；而共同团队经历是随着创业团队成员间的互动不断变化的，因此是一种演化的特征。这两个变量相互补充，共同刻画了创业团队的同质性水平。

其次，虽然结构权变理论主要关注团队结构是否能够满足特定的情境需求，但是权力层级的文献进一步提醒我们，在评估团队权力结构的适用性时，还应该考虑内部成员对既有结构的接受程度（Halevy et al. , 2011；Tarakci et al. , 2016）。前文所述创业团队权力层级对集体决策效率的益处及对于集体决策质量的损害都是基于成员接受权力层级并顺从于权力持有者的领导这一前提假设。权力层级文献指出，当团队的权力持有者同时也是团队内最有能力的人时，团队成员的顺从程度更高（Halevy et al.，2011；Tarakci et al.，2016）。否则，权力持有者在集体决策中的影响力就极为有限。在创业情境中，过往创业经历是衡量能力的一个重要标志（Jin et al.，2016；Ko & McKelvie，2018）。和新手创业者相比，连续创业者有着丰富的管理经验、广泛的人脉和更强的问题解决能力（Ucbasaran et al.，2009；Zhang，2019；Zheng，Ahsan & DeNoble，2020），所以更容易得到其他创业团队成员的尊重。因此，我们提出权力持有者创业经历可能是影响创业团队权力层级对新创企业绩效作用的另一个权变因素。

基于结构权变理论和权力层级相关文献，我们提出创业团队权力层级对新创企业绩效的影响取决于创业团队同质性和权力持有者创业经历。我们将在下面的章节中详细讨论这两种权变因素的作用。

二 职能背景同质性和共同团队经历的调节作用

职能背景同质性指团队成员职业生涯中主要职能背景的相似程度（Bunderson & Sutcliffe，2002）。在创业团队中，这种同质性或高（所有成员拥有相同的职能背景，例如技术型创业团队）或低（所有成员拥有不同的职能背景，例如自有技术、营销和运营）（Eesley et al.，2014）。研究发现，不同水平的职能同质性意味着创业团队互动过程中的主要挑战有所不同：职能背景同质性低的创业团队可能很难达成共识，因而阻碍集体决策进程（Bunderson & Van der Vegt，2018）；而职能背景同质性高的创业团队则缺乏信息和知识的多样性，难以做出周密的决策（Simons et al.，1999；Fredrickson，1984）。因此，我们认为，创业团队权力层级对新创企业绩效的影响会随着职能背景同质性的高低而有所变化。

当创业团队的职能背景同质性较低时，每位成员对新创企业的战略制定均有基于自己的经验或认知模式的不同观点（West，

2007）。团队成员不同的知识和观点之间很可能产生分歧，难以达成共识（Cannella et al.，2008）。在这种情况下，层级化的权力结构比平等的权力结构更能有效解决分歧，因为当分歧出现时，每位成员必须服从权力更高者的意见，集体决策的效率会因此提升（Anderson & Brown，2010）。相反，当创业团队的职能背景同质性较高时，团队成员拥有非常相似的认知模式，通常更少出现不同的意见（Cannella et al.，2008），解决分歧的需要较低。换言之，此时影响创业团队运行的主要挑战不再是提升集体决策效率，而是激发多样化的观点以做出明智、审慎的决策。在这种情况下，层级化的权力结构使创业团队成员过度依赖权力持有者，轻易地顺从其观点，不利于团队内部的信息加工（Anderson & Brown，2010）。因此，当职能背景同质性较高时，创业团队权力层级将阻碍团队成员之间多样观点的整合，导致创业团队做出有偏的、低质量的集体决策，从而降低新创企业的绩效。因此，本研究提出：

假设1：职能背景同质性调节了创业团队权力层级与新创企业绩效之间的关系。当职能背景同质性低时，创业团队权力层级对新创企业绩效有积极影响；当职能背景同质性高时，创业团队权力层级对新创企业绩效有消极影响。

关于共同团队经历，不同创业团队的情况也可能各不相同，这一变量也反映了团队成员关于新创企业战略与经营管理观念的同质性。随着新创企业的不断发展，一些创业团队还是由最初的几位创始人组成，另一些创业团队中可能有创始人退出，被后来加入的职业经理人所取代。因此，不同的创业团队有着不同水平的共同团队经历，也面临着不同的挑战（Kor，2006）。例如，共同团队经历较低的创业团队成员对任务的理解很难达成一致，因此更容易出现分歧（Gersick & Hackman，1990）；而共同团队经历较高的创业团队则缺乏看待问题的不同视角，容易陷入僵化的思维模式（Luciano et al.，2018；Santos & Eisenhardt，2005）。

本研究提出，共同团队经历水平的高低会影响创业团队权力层级对新创企业绩效的影响。如果团队成员几乎没有一同共事的经历，就很难对新创企业的战略制定及经营管理形成一致的理解，容易产生分歧（Lim et al.，2013）。在这种情况下，创业团队权力层级有助于协调不同的观点，在集体决策时妥善解决分歧。相反，如果团队成员拥有较长的共事经历，彼此之间较少可能出现不同意见。但是，共同团队经历水平较高的创业团队成员之间缺乏必要的战略分歧，即"团队成员不同意彼此的战略选择的程度"（Knight et al.，2020）较低，不利于达成高质量的集体决策。在这种情况下，权力层级无法促进团队成员之间平等的信息交换，激发出多样化的观点，反而会加剧创业团队观点趋同的问题（Bunderson & Reagans，2011）。因此，我们认为，当共同团队经历较高时，创业团队权力层级将导致低质量的集体决策，从而削弱新创企业绩效。因此，我们提出：

假设2：共同团队经历调节了创业团队权力层级与新创企业绩效之间的关系。当共同团队经历低时，创业团队权力层级对新创企业绩效有积极影响；当共同团队经历高时，创业团队权力层级对新创企业绩效有消极影响。

三 权力持有者过往创业经历的调节作用

如前所述，本研究提出当创业团队同质性低（高）时，创业团队权力层级对新创企业绩效的作用是积极（消极）的。这些讨论均是基于以下前提假定：权力层级在创业团队内建立了一个权力等级制度，其中权力较低的成员必须服从权力较高的成员，尤其是权力最高的权力持有者。我们提出，团队成员对这一权力等级的接受度会随着权力持有者能力的不同而有所变化（Tarakci et al.，2016）。当权力持有者创业经历较丰富时，其他成员会认为他们拥有更强的创业能力，因为他们有着更加丰富的管理经验、广泛的人脉和更强的问题解决能力（Paik，2014；Ucbasaran et al.，2009；Zhang，2019；Zheng et al.，2020）。权力持有者创业经历会影响其他团队成员对其的顺从程度，进而强化创业团队权力层级在低或高水平的创业团队同质性权变因素下对新创企业绩效的作用。因此，权力持有者创业经历是在特定创业团队同质性水平下调节创业团队权力层级与新创企业绩效关系的二阶权变因素。

具体来说，当创业团队同质性较低（例如，职能背景同质性或共同团队经历低）时，团队成员之间容易产生不同的观点，如果权力持有者拥有丰富的过往创业经历，创业团队权力层级对集体决策效率的积极作用则会被加强。因为过往创业经历丰富的权力持有者更能得到其他创业团队成员的尊重，也更善于解决冲突（Tarakci et al., 2016），因此层级化权力结构的优势得到了增强。换言之，在创业团队同质性较低的情况下，权力层级对新创企业绩效的积极影响会随着权力持有者过往创业经历的升高而得到增强。

相反，当创业团队同质性较高时（例如，职能背景同质性或共同团队经历高），创业团队内缺乏看待问题的不同视角，此时如果权力持有者拥有丰富的过往创业经历，权力层级对信息加工的消极影响同样会得到增强。因为权力持有者创业经历会加强其他团队成员对其的依赖。这样一来，在层级化的权力结构中，创业团队就更难以激发出多元化的观点（Cooper et al., 1995；Westhead et al., 2005）。换言之，在创业团队同质性较高的情况下，权力层级对新创企业绩效的消极影响会随着权力持有者创业经历的升高而得到增强。因此，本研究提出：

假设3：创业团队权力层级、职能背景同质性及权力持有者创业经历交互影响新创企业绩效。当职能背景同质性低（高）时，如果权力持有者拥有更多的过往创业经历，则创业团队权力层级对新创企业绩效的积极（消极）影响更强烈。

假设4：创业团队权力层级、共同团队经历及权力持有者创业经历交互影响新创企业绩效。当共同团队经历低（高）时，如果权力持有者拥有更多的过往创业经历，则创业团队权力层级对新创企业绩效的积极（消极）影响更强烈。

第三节 研究方法

一 数据和样本

本研究采用新三板挂牌的互联网新创企业的二手数据验证上文中提出的假设。新三板成立于2013年，为中国中小企业提供融资平台。比起主板和创业板，新三板对申请企业的门槛更低，它仅要求企业经营超过两年，且对资产和财务状况没有硬性的要求。一旦在新三板挂牌，企业必须公开其第三方审计的年度财务报告。因此，新三板为研究者们提供了获得中国新创企业客观数据的宝贵机会（Jiang et al., 2018）。

我们选择互联网行业的新创企业作为研究样本，主要考虑到以下几个原因。首先，以往研究表明，聚焦于一个行业能有效排除行业层面的干扰因素对预测结果的影响（Jiang et al., 2018; Fernhaber & Li, 2013; Li et al., 2012）。其次，互联网行业属于新三板鼓励行业，挂牌要求更为宽松、灵活，因此互联网行业的新三板挂牌企业中成立不足10年的新创企业占比较高（64.52%），这一比例远远高于石油化工（41.18%）等传统行业。最后，互联网行业是高新技术和知识密集型产业，属于依赖人力资本的轻资产行业，因此为我们研究创业团队运行对新创企业绩效的影响提供了合适的土壤（Jin et al., 2016; Batjargal, 2010）。我们在新三板官方网站上的行业分类中选取"互联网和相关服务"后，确定了496家互联网企业作为研究样本。

接下来，我们根据如下标准对样本做了进一步筛选。首先，根据以往关于新创企业的研究，本研究对象必须成立于10年以内（Ferguson et al., 2016; Fernhaber & Li, 2013）。其次，为了获取有关权力层级的数据，每家新创企业的创业团队中应拥有两名以上成员（Breugst et al.，2015）。我们将新创企业在年报中正式公布的高级管理成员认定为其创业团队成员（Klotz et al.，2014）。最后，我们对被解释变量进行了为期一年的滞后，删掉了缺失数据的样本。我们最终的样本包含了 285 家企业的非平衡面板数据，共计 460 个观测值，横跨 5 年（2013—2017 年）。这些新创企业挂牌的时间各不相同：162 家企业挂牌 1 年，85 家挂牌 2 年，27 家挂牌 3 年，8 家挂牌 4 年，3 家挂牌 5 年。最终样本企业的平均成立年限为 4.68 年（标准差 = 1.68），与新创企业的标准相符（Fernhaber & Li，2013）。我们从新三板官方网站上下载了样本企业的公开转让说明书（包含企业上市前两年的相关信息）和年报（包含企业上市及后续年份的相关信息），聘请了两位研究助理对上述公开材料中新创企业及创业团队的信息进行编码。本研究的作者对整个编码过程提供了指导，并检查了最终数据的准确性。

二 变量测量方式

新创企业绩效。与以往在新创企业背景下开展的研究一致（Jin et al.，2016；Kor，2006；Murphy et al.，1996），我们采用新创企业滞后一期（t+1）的资产回报率衡量其绩效。和其他反映外部市场偏好的绩效指标（例如，Tobin's Q）相比，资产回报率更能体现出企业的内部经营管理水平（Geletkanycz & Hambrick，1997），因此更适用于本研究。

权力层级。在新创企业中，股权是权力的主要来源，因为股权代表了对企业的控制权（Breugst et al.，2015；Kroll et al.，2007）。因此，我们采用每位创业团队成员在观察年末时的持股比例来衡量其权力。与过往研究一致（Bunderson，2003；Bunderson et al.，2016），本研究通过 Freeman（1978）的集中度指数计算权力层级：$\sum (C_{max} - C_i) / (n-1)^2$，其中 C_i 是每位成员的持股比例，C_{max} 是创业团队中最高的持股比例，n 是创业团队规模。

职能背景同质性。为了衡量创业团队的职能背景同质性，我们首先将创业团队每位成员的主要职能背景分为 8 类：生产经营、研发与工程、会计与财务、行政与管理、营销与销售、法律、人事与劳务关系、其他（Cannella et al.，2008）。随后，我们采用 Blau（1977）指数的变异 $\sum (P_i)^2$ 来计算创业团队的职能背景同质性，其中 P_i 是创业团队成员在第 i 类职能背景中的占比（Westphal & Bednar，2005）。该变量的取值范围为 0—1，接近 1 时表明职能背景同质性高，接近 0 时表明职能背景同质性低。

共同团队经历。与以往研究一致（Huckman et al.，2009；Kor，2006；Sieweke & Zhao，2015），我们通过计算团队中两两成员共事时长的平均值来衡量共同团队经历，公式如下：

$$共同团队经历 = \sum_{i=1}^{n} \sum_{j=1}^{n} PT_{ij} / [n(n-1)/2]$$

其中，PT_{ij} 是指成员 i 和 j 在创业团队共事的总时长，n 是指创业团队规模。该变量的最小值为 0，表明所有的创业团队成员均于观察年份加入团队；最大值等于企业的经营年限，表明所有成员在新创企业创立时就加入了团队。

权力持有者创业经历。为了计算权力持有者创业经历，我们首先将创业团队中持股最多的成员认定为权力持有者。如果两位或两位以上的成员持股比例相等（占样本总量的 8.92%），则认定其中担任总经理职位的成员为权力持有者。如果创业团队中有多位权力持有者，且总经理职位暂时空缺，我们进一步根据任期识别出一位主要的权力持有者（Robb & Watson，2012）。随后，我们查阅了权力持有者的简历，计算他们在加入样本企业之前创立过多少家新创企业（Hsu，2007），其数值范围为 0—4。

控制变量。我们控制了一系列可能影响本研究推论的变量。在新创企业层面，我们控制了新创企业的年龄，即企业从成立之年到观察年的时间跨度（He & Huang，2011）和规模，即销售额（Calof，1994）。此外，由于我们的样本包括新创企业尚未挂牌时的数据

（共计 165 个观测值，占样本总量的 35.87%），我们同样对企业在观测之时是否已挂牌（1 = 已挂牌，0 = 未挂牌）进行了控制，以排除成为公众公司对新创企业绩效的影响（Kroll et al.，2007）。在创业团队层面，我们控制了创业团队规模，即新创企业高管成员的数量（Klotz et al.，2014）以及创业团队在年龄和性别方面的多样性，因为以往研究表明这些因素可能影响新创企业绩效（Jin et al.，2016；He & Huang，2011）。我们使用变异系数计算年龄多样性，用 Blau（1977）指数计算性别多样性。同时，我们还对创业团队成员的过往创业经历进行了控制，计算除了权力持有者，其他创业团队成员过往创立企业的平均数，因为这一因素可能影响创业团队其他成员对权力持有者创业能力的感知。在权力持有者层面，我们控制了权力持有者的年龄、性别（1 = 男性，0 = 女性）和教育水平（1 = 初中毕业，2 = 中专/高中，3 = 大专，4 = 本科，5 = 硕士/MBA/EMBA，6 = 博士），我们通过新创企业年报中公布的个人简历获取上述信息。最后，我们控制了年份哑变量，以控制时间效应（Sieweke & Zhao，2015；Li et al.，2012）。

三　分析策略

在我们的面板数据结构中，一家新创企业可能拥有多个相互关联的年度观测值。为了解决这一问题，我们使用随机效应模型验证我们的假设，原因如下：首先，基于豪斯曼检验的结果（Hausman，1978），我们发现随机效应模型适合验证我们的假设 1 和假设 2（$\lambda^2 = 16.35$；$p > 0.05$；$\lambda^2 = 19.67$；$p > 0.05$）。另外，固定效应估计方法同样不适合验证假设 3 和假设 4，因为权力持有者创业经历等重要的解释变量具有不随时间变化的特点，且每家企业各不相同（Carpenter & Fredrickson，2001；Li et al.，2012）。因此，我们决定选择随机效应模型来验证我们的假设。

与过往研究一致（Deutsch et al.，2011；Hoechle，2007；O'Connell & O'Sullivan，2014；Sieweke & Zhao，2015），我们使用了

Driscoll-Kraay 估计（Driscoll & Kraay, 1998）以确保我们的标准误差对异方差、自相关和横截面相关具有稳健性。根据调节效应的检验原则（Baron & Kenny, 1986），我们将控制变量、自变量、双重交互变量和三重交互变量放入逐步回归模型中。为避免出现多重共线性问题，我们对所有连续型的解释变量和控制变量进行了中心化处理（Enders & Tofghi, 2007）。为降低异常值的影响，我们对因变量进行1%的缩尾处理（Aguinis et al., 2013）。

第四节 研究结果

一 描述性统计和相关分析

表4.1呈现了子研究一模型中变量的均值、标准差和相关系数（年份哑变量除外）。解释变量的方差扩大因子均小于5（均值 = 1.02），意味着我们的数据不会受到多重共线性问题的影响（Hair et al., 2006）。

二 研究假设检验结果

假设1。表4.2显示了以新创企业绩效为因变量的回归结果。模型1仅包含控制变量。结果表明，企业规模对新创企业绩效会产生积极影响，而权力持有者的年龄对新创企业绩效会产生消极影响。模型2的结果表明，权力层级对新创企业绩效的主效应并不显著，证实了结构权变理论的基本主张，即不存在通用的最优结构。假设1预测，职能背景同质性会调节创业团队权力层级对新创企业绩效的影响，当职能背景同质性低（高）时，创业团队权力层级会积极（消极）影响新创企业绩效。如模型3所示，权力层级与职能背景同质性的交互项对新创企业绩效的影响呈消极显著（$b = -1.04$, $p < 0.01$）。

表 4.1　子研究一模型中变量的均值、标准差和相关系数

变量	均值	标准差	1	2	3	4	5	6	7	8	9	10	11	12	13	14
1. 权力层级	0.18	0.19														
2. 职能背景同质性	0.48	0.23	0.31***													
3. 共同团队经历	2.21	1.80	−0.06	0.07												
4. 权力持有者创业经历	0.13	0.45	0.05	0.02	0.06											
5. 是否挂牌	0.64	0.48	−0.25***	−0.25***	0.13***	0.06										
6. 企业年龄	4.68	1.68	−0.15***	0.18***	0.33***	−0.04	0.43***									
7. 企业规模	17.34	1.57	−0.14***	−0.12**	0.07	−0.06	0.19***	0.20***								
8. 团队规模	3.36	1.48	−0.46***	−0.43***	0.04	−0.02	0.35***	0.30***	0.13***							
9. 年龄多样性	0.12	0.08	−0.03	−0.21***	−0.08*	0.01	0.18***	0.10**	0.00	0.13***						
10. 性别多样性	0.26	0.22	−0.12**	−0.11**	−0.04	−0.04	0.18***	0.24***	0.02	0.24***	0.10**					
11. 成员创业经历	0.05	0.19	0.01	−0.07	0.08	0.14***	−0.15***	−0.16***	0.04	−0.06	−0.05	−0.17***				
12. 权力持有者年龄	38.05	5.56	−0.06	0.09**	0.19***	0.03	0.12**	0.14***	0.05	0.09*	0.27***	0.22***	−0.05			
13. 权力持有者性别	0.88	0.33	−0.11**	0.04	0.06	0.07	0.05	−0.01	0.01	0.06	−0.05	−0.19***	0.00	0.03		
14. 权力持有者教育水平	4.07	0.88	−0.07	−0.02	0.02	−0.12**	0.06	0.04	0.04	−0.01	0.00	0.01	0.06	0.15***	0.08*	
15. 新创企业绩效	−0.06	0.49	0.02	0.01	−0.01	−0.08	−0.11**	−0.05	0.24***	−0.07	−0.06	−0.03	−0.06	−0.02	0.02	0.07

注：$N=460$ 个观测值。*** 表示 $p<0.01$；** 表示 $p<0.05$；* 表示 $p<0.10$。年份哑变量不包括在相关矩阵中。

表 4.2　子研究一以新创企业绩效为因变量的随机效应模型

控制变量	模型 1	模型 2	模型 3	模型 4	模型 5	模型 6	模型 7	模型 8	模型 9
是否挂牌	-0.03	-0.04	-0.03	-0.03	-0.03	-0.02	-0.04	-0.03	-0.03
企业年龄	0.00	0.00	0.00	0.00	0.00	0.00	0.00	0.00	0.00
企业规模	0.08***	0.08***	0.08***	0.08***	0.08***	0.09***	0.08***	0.09***	0.09***
团队规模	-0.01	-0.02**	0.00	-0.02**	0.00	0.00	-0.02**	-0.02**	-0.01*
年龄多样性	0.12	0.12	0.08	0.14	0.07	0.05	0.12	0.07	0.05
性别多样性	0.04	0.04	0.02	0.04	0.01	0.04	0.06	0.10*	0.08
成员创业经历					0.11**	0.06**	0.13***	0.12**	0.09*
权力持有者年龄	-0.01**	-0.01***	-0.01***	-0.01***	-0.01***	-0.01***	-0.01***	-0.01***	-0.01***
权力持有者性别	-0.03	-0.03	-0.03	-0.04	-0.03*	-0.03	-0.02	-0.02	-0.03
权力持有者教育水平	0.03	0.03	0.03	0.03	0.03	0.04	0.02	0.02	0.03
主效应									
权力层级		-0.06	0.10	-0.10	0.13*	0.11	-0.05	0.00	0.07
职能背景同质性			0.08	0.01	0.14	0.11	0.01*	0.01*	0.11
共同团队经历					-0.06**	-0.03*	0.00	0.01*	0.01**
权力持有者创业经历								0.02	0.01

续表

调节效应	模型 1	模型 2	模型 3	模型 4	模型 5	模型 6	模型 7	模型 8	模型 9
权力层级 × 职能背景同质性			−1.04***		−1.01***	−0.52***			−0.44**
权力层级 × 共同团队经历				−0.15**			−0.15**	−0.06***	−0.06***
权力层级 × 权力持有者创业经历					−0.24	0.17**	−0.34	−0.27	0.08
职能背景同质性 × 权力持有者创业经历					−0.31***	−0.04			−0.20*
共同团队经历 × 权力持有者创业经历							−0.07***	−0.07***	−0.07***
权力层级 × 职能背景同质性 × 权力持有者创业经历						−4.47***			−0.42**
权力层级 × 共同团队经历 × 权力持有者创业经历								−0.69***	−0.51***
R^2	0.101	0.100	0.111	0.112	0.121	0.134	0.125	0.159	0.167

注：$N=460$ 个观测值。*** 表示 $p<0.01$；** 表示 $p<0.05$；* 表示 $p<0.10$。表中显示的系数为非标准化的回归系数，年份哑变量已控制。

R^2 值从模型 3 到模型 2 的变动为 0.01，表明创业团队权力层级与职能背景同质性之间的交互项导致因变量资产收益率变化达到 1%。在我们的样本中，资产收益率发生 1% 的变化意味着营业收入平均增加或减少约 90 万元人民币。为了进一步解析这个显著的调节作用，本研究按照 Cohen et al.（2013）的建议根据职能背景同质性的高、低两个水平（即 ±1 倍标准差）在图 4.2 中绘制了这个显著的调节作用。简单效应分析表明，对于职能背景同质性较低的创业团队，创业团队权力层级积极影响新创企业绩效（$b = 0.34$，$p < 0.01$），而对于职能背景同质性较高的创业团队，创业团队权力层级消极影响新创企业绩效（$b = -0.14$，$p < 0.01$）。因此，假设 1 得到支持。

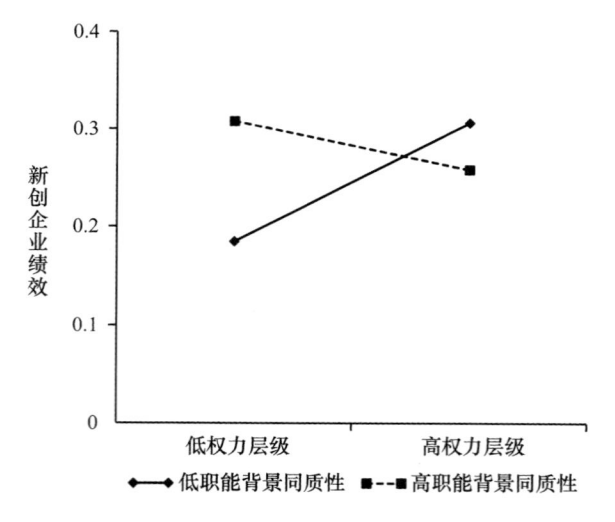

图 4.2 职能背景同质性对创业团队权力层级与新创企业绩效之间关系的调节作用

假设 2 预测，共同团队经历会调节创业团队权力层级对新创企业绩效的影响，当共同团队经历低（高）时，创业团队权力层级会积极（消极）影响新创企业绩效。如模型 4 所示，权力层级与共同团队经历的交互项对新创企业绩效的影响呈消极显著（$b = -0.15$，

$p<0.05$)。R^2 值从模型 4 到模型 2 的变动为 0.012，表明创业团队权力层级与共同团队经历的交互项导致资产收益率变化达到 1.2%，即营业收入平均变化约 108 万元人民币。为了进一步解析这个显著的调节作用，本研究按照 Cohen et al. (2013) 的建议根据共同团队经历的高、低两个水平（即 ±1 倍标准差）在图 4.3 中绘制了这个显著的调节作用。简单效应分析表明，对于共同团队经历较低的创业团队，创业团队权力层级积极影响新创企业绩效（$b=0.17$，$p<0.01$），而对于共同团队经历较高的创业团队，创业团队权力层级消极影响新创企业绩效（$b=-0.37$，$p<0.05$）。因此，假设 2 得到支持。

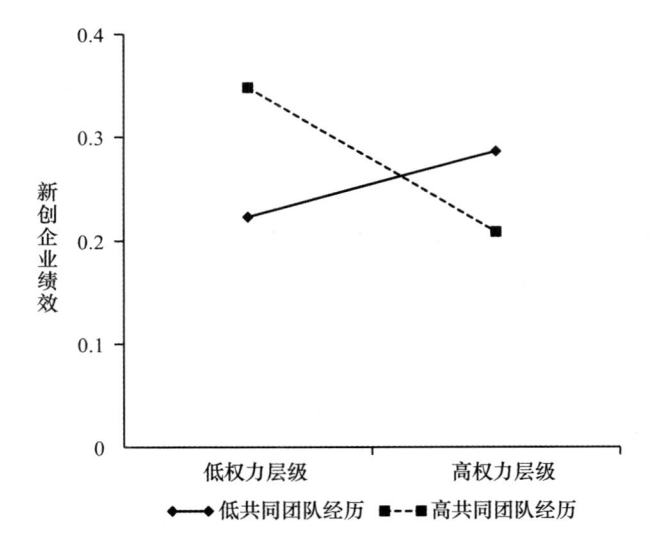

图 4.3　共同团队经历对创业团队权力层级与新创企业绩效之间关系的调节作用

假设 3 预测，创业团队权力层级、职能背景同质性及权力持有者创业经历交互影响新创企业绩效。在模型 6 中，权力层级、职能背景同质性与权力持有者创业经历的三重交互项系数消极显著（$b=-4.47$，$p<0.01$），从而初步支持了假设 3。R^2 值从模型 6 到

模型 5 的变动为 0.013，表明创业团队权力层级、职能背景同质性与权力持有者创业经历的三重交互作用导致资产收益率变化达到 1.3%，即营业收入平均变化约 117 万元人民币。

图 4.4（A）中的简单效应分析结果表明，在低职能背景同质性的情况下，当权力持有者创业经历较高时，创业团队权力层级对新创企业绩效的积极影响更强烈（$b = 1.41$，$p < 0.01$），当权力持有者创业经历较低时[1]，创业团队权力层级对新创企业绩效的积极影响更微弱（$b = 0.22$，$p < 0.01$），并且这两条线之间的斜率差异显著（$t = 22.31$，$p < 0.01$）。

图 4.4（B）还表明，在职能背景同质性较高的情况下，当权力持有者创业经历较高时，创业团队权力层级对新创企业绩效的消极影响更强烈（$b = -0.86$，$p < 0.01$），当权力持有者创业经历较低时，创业团队权力层级对新创企业绩效的消极影响更微弱且不显著（$b = -0.01$，无显著差异），并且这两条线之间的斜率差异显著（$t = -6.88$，$p < 0.01$）。结果表明，在低（高）职能背景同质性的情况下，创业团队权力层级对新创企业绩效的积极（消极）影响受到权力持有者创业经历的增强。因此，假设 3 得到支持。

假设 4 预测，创业团队权力层级、共同团队经历及权力持有者创业经历交互影响新创企业绩效。模型 8 表明，权力层级、共同团队经历与权力持有者创业经历的三重交互项系数消极显著（$b = -0.69$，$p < 0.01$），从而初步支持了假设 4。R^2 值从模型 8 到模型 7 的变动为 0.034，表明三重相互作用导致资产收益率变化达到 3.4%，即营业收入平均变化约 305 万元人民币。

---

[1] 在假设 3 和假设 4 的简单效应分析中，我们用 0/1 两个数值表示权力持有者创业经历水平的高低（平均值 = 0.13，SD = 0.45）。平均值 ±1 倍标准差的计算方法在这里并不适合，因为最低值（-0.32）已经超过了变量的实际数据范围 [0，1，2，4]。我们之所以选择 0 和 1 这两个数值，是因为它们具有理论意义（Dawson，2014），且在我们的数据中分布最广（占样本总量的 98.04%）。如果我们将权力持有者创业经历最高值变成 2 或 4，简单效应分析的结果也不会发生改变。

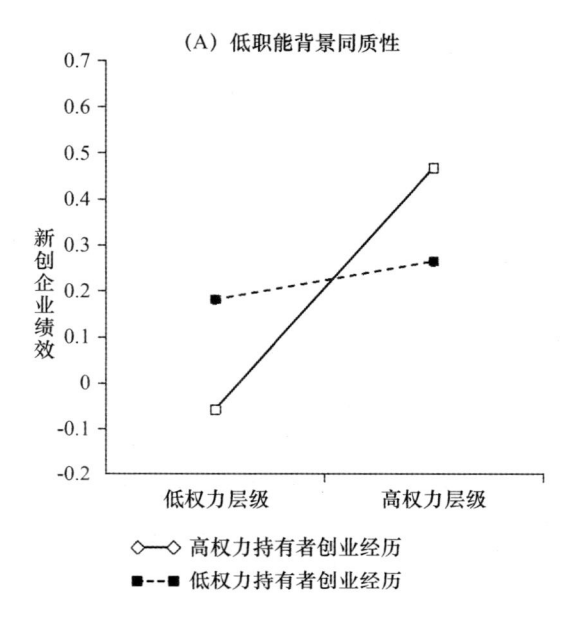

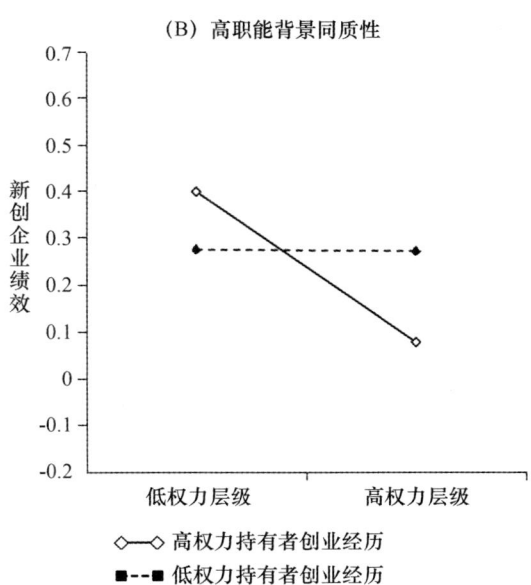

图 4.4 创业团队权力层级与权力持有者创业经历在（A）低职能背景同质性以及（B）高职能背景同质性条件下的三重交互效应

图 4.5（A）中的简单效应分析结果表明，在低共同团队经历的情况下，当权力持有者创业经历较高时，创业团队权力层级对新创企业绩效的积极影响更强烈（$b=1.08$，$p<0.01$），当权力持有者创业经历较低时，创业团队权力层级对新创企业绩效的积极影响更微弱（$b=0.11$，$p<0.10$），并且这两条线之间的斜率差异显著（$t=9.55$，$p<0.01$）。

图 4.5（B）表明，在高共同团队经历的情况下，当权力持有者创业经历较高时，创业团队权力层级对新创企业绩效的消极影响更强烈（$b=-1.62$，$p<0.01$），但当权力持有者创业经历较低时，创业团队权力层级对新创企业绩效的消极影响更微弱且不显著（$b=-0.12$，无显著差异），并且这两条线之间的斜率差异显著（$t=-5.04$，$p<0.01$）。结果表明，在低（高）共同团队经历的情况下，创业团队权力层级对新创企业绩效的积极（消极）影响得到权力持有者创业经历的增强。因此，假设 4 得到支持。图 4.6 总结了子研究一的假设检验结果。

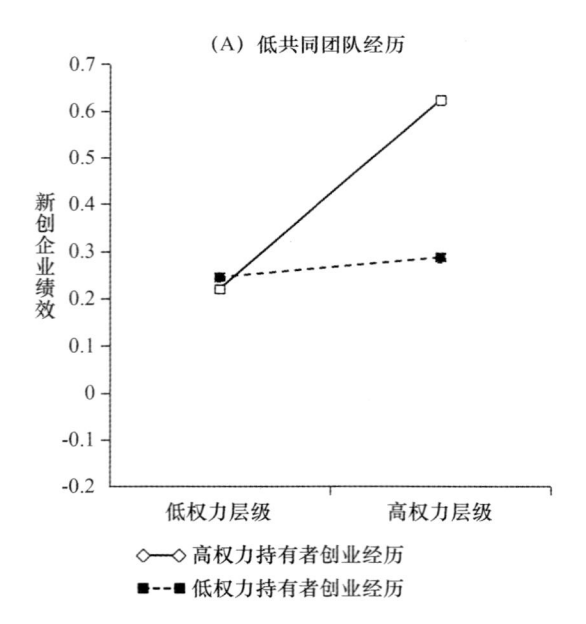

(A) 低共同团队经历

(B) 高共同团队经历

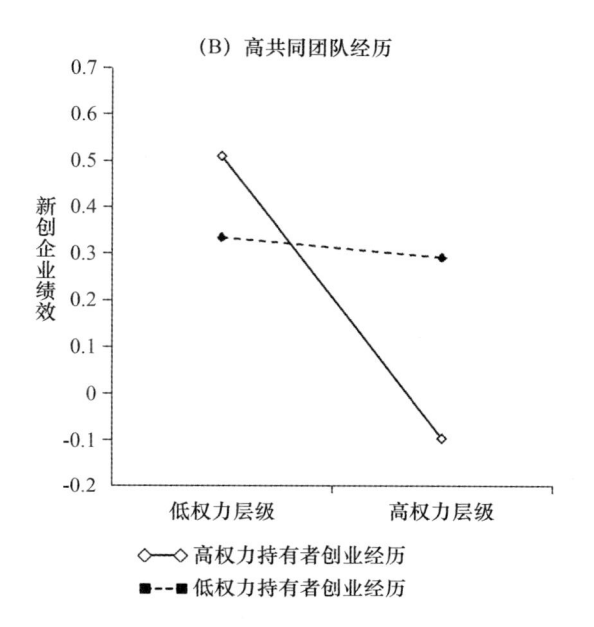

图 4.5 创业团队权力层级与权力持有者创业经历在（A）低共同团队经历条件以及（B）高共同团队经历条件下的三重交互效应

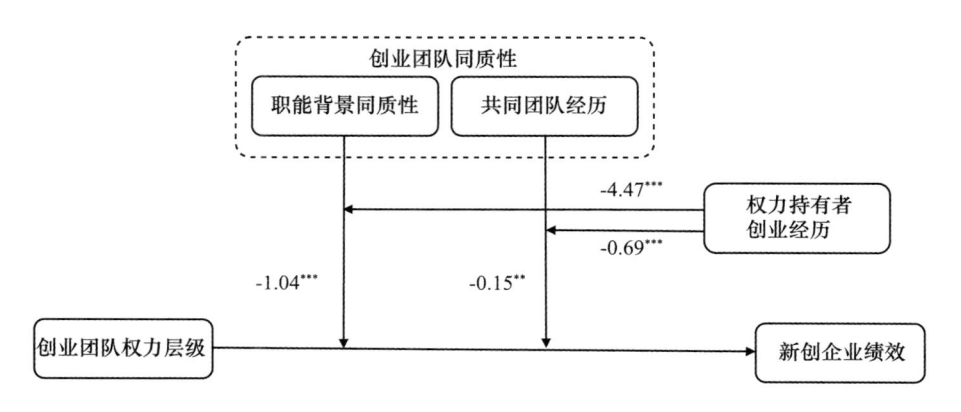

图 4.6 子研究一假设检验结果

注：$N=460$ 个观测值。** 表示 $p<0.05$；*** 表示 $p<0.01$。图中显示的系数为非标准化的回归系数。

三 稳健性检验

为了检验结果的稳健性，我们还补充了六组分析。第一，我们使用最小二乘法回归来检验我们的假设，结果与上文中汇报的一致。即权力层级和职能背景同质性的交互项对新创企业绩效有显著的消极影响（$b = -1.10$，$p < 0.05$），权力层级与共同团队经历的交互项对新创企业绩效有显著的消极影响（$b = -0.16$，$p < 0.05$），权力层级、职能背景同质性和权力持有者创业经历的三重交互项系数消极显著（$b = -3.75$，$p < 0.01$），权力层级、共同团队经历和权力持有者创业经历的三重交互项系数消极显著（$b = -0.77$，$p < 0.01$）。简单效应分析的结果也与我们的预测一致。

第二，我们使用了相同的模型，没有对因变量资产回报率进行缩尾处理，得到了与前文一致的假设检验结果，即权力层级和职能背景同质性的交互项系数消极显著（$b = -1.67$，$p < 0.01$），权力层级和共同团队经历的交互项系数消极显著（$b = -0.32$，$p < 0.01$），权力层级、职能背景同质性和权力持有者创业经历的三重交互项系数消极显著（$b = -19.56$，$p < 0.01$），权力层级、共同团队经历和权力持有者创业经历的三重交互项系数消极显著（$b = -2.45$，$p < 0.01$）。简单效应分析的结果也与我们的预测一致。

第三，我们使用净资产收益率来衡量新创企业绩效（Jin et al.，2016；Murphy et al.，1996），结果与先前汇报的一致。权力层级与职能背景同质性的交互项系数消极显著（$b = -3.45$，$p < 0.01$），权力层级与共同团队经历的交互项系数消极显著（$b = -0.48$，$p < 0.05$），权力层级、职能背景同质性和权力持有者创业经历的三重交互项系数消极显著（$b = -15.61$，$p < 0.01$），权力层级、共同团队经历和权力持有者创业经历的三重交互项系数消极显著（$b = -1.66$，$p < 0.01$）。简单效应分析的结果也与我们的预测一致。

第四，我们删除了两个或两个以上的成员有相等最高持股比例的样本，重新检验假设 3 和假设 4。基于剩余的 419 个公司—年份观测值进行回归分析，结果与之前的汇报基本一致。具体来说，权力层级、职能背景多样性和权力持有者创业经历的三重交互项系数消极显著（$b = -5.02$, $p < 0.01$），权力层级、共同团队经历和权力持有者创业经历的三重交互项系数消极显著（$b = -0.71$, $p < 0.01$）。简单效应分析的结果与我们的预测一致。

第五，我们使用创始人占比作为共同团队经历的另一种测量方式，通过计算自企业成立时加入的创始人占创业团队规模的百分比（Kroll et al.，2007）来刻画创业团队成员管理观念的相似程度。高创始人占比表明创业团队主要由最初的创始成员组成，共同团队经历水平较高，而低创始人占比表明创业团队包含更多后来加入的职业经理人，因此共同团队经历水平较低。创始人占比与共同团队经历高度相关（$r = 0.66$, $p < 0.01$）。结果再次与我们的预测一致。权力层级与创始人占比的交互项系数消极显著（$b = -0.57$, $p < 0.05$），权力层级、创始人占比和权力持有者创业经历的三重交互项系数消极显著（$b = -1.42$, $p < 0.05$），简单效应分析结果与我们的预测一致。

第六，由于共同团队经历仅捕捉了成员加入创业团队后的互动，我们进一步控制他们过往工作背景的重叠程度，以排除先前共同经历对我们预测的影响。与 Beckman et al.（2007）的研究一致，我们对每位成员加入新创企业之前任职的三个公司进行编码并计算赫芬代尔指数（$\sum P_i^2$），其中 P_i 是为公司 i 工作的团队成员的比例。该指数说明了创业团队成员加入新创企业之前共事经历的程度。结果再次与上文汇报的结果一致。权力层级与职能背景同质性的交互项系数消极显著（$b = -1.05$, $p < 0.01$），权力层级与共同团队经历的交互项系数消极显著（$b = -0.14$, $p < 0.05$），权力层级、职能背景同质性、权力持有者创业经历的三重交互项系数消极显著（$b = -4.80$, $p < 0.01$），权力层级、共同团队经历、权力持有者创业经历的三重交互项系数消极显著（$b = -0.68$, $p < 0.01$）。这些补充分析的结果证实了我们结论的稳健性。

四 补充质性分析

以上采用新三板互联网新创企业高管团队的二手数据定量分析结果为我们的理论模型提供了一些初步的证据支持，然而仍存在以下几个问题尚未被解答。

首先，根据 Finkelstein（1992）的观点，在高管团队中权力具有多个维度，包括所有权权力、结构权力、专家权力和声望权力。但是，本研究主要依据所有权（即股权）来衡量创业团队成员的权力，当两名或两名以上团队成员股权相等的情况下，我们依据结构权力（即总经理职位）来进一步确定权力持有者。因此，在本研究中的新三板互联网新创企业高管团队样本中，我们需要进一步检验股权是不是决策权最合适的代理指标。其次，我们缺乏直接的证据，证明所提出的过程机制（即集体决策）可以解释创业团队权力层级对新创企业绩效的影响。最后，虽然过往创业经历是创业能力的有力证明（Jin et al., 2016; Ko & McKelvie, 2018; Ucbasaran et al., 2009; Zhang, 2019; Zheng et al., 2020），但是很少有研究关注其他创业团队成员如何看待权力持有者的创业经历。因此，我们需要明确权力持有者创业经历是否确实可以增强其他创业团队成员对其的顺从。为了解答这些问题，我们针对定量研究中的创业团队样本补充了质性访谈。

在当地证监会的协助下，我们联系了注册地在上海和杭州的74家新三板挂牌的互联网企业，其中11家新创企业（14.9%）同意参与本研究。同意参与的新创企业与未参与的新创企业在创业团队权力层级、绩效和权力持有者创业经历方面没有显著差异。为了获得来自不同视角的观点，我们鼓励每家新创企业尽可能有多位高管团队成员参与我们的访谈。最终，来自11家新创企业的16名高管团队成员同意参与我们的访谈。我们与每位被访者进行了面对面的半结构化访谈，访谈时间一般在30—60分钟。访谈问题主要包括创业团队中的权力来源、集体决策过程以及如何看待权力持有者创业经历。表 4.3 概述了所有被访者的信息。

表 4.3 子研究一访谈数据概览

新创企业背景信息	被访者编号	股权（%）	职位	性别	年龄	教育水平	权力持有者创业经历
01（营销技术/电子商务公司）	I01	37.44	总经理兼董事长	男	37	EMBA	两次
	I02	8.00	副总经理	女	37	MBA	两次
	I03	7.38	技术总监兼副总经理	男	37	中专	两次
	I04	0.40	财务总监、副总经理兼董事会秘书	女	50	硕士	两次
02（网络游戏公司）	I05	38.78	总经理兼董事长	男	39	本科	没有
	I06	6.11	财务总监兼董事会秘书	男	39	硕士	没有
03（营销技术公司）	I07	13.94	副总经理	男	42	硕士	两次
	I08	0.12	财务总监兼董事会秘书	女	43	硕士	两次
04（电子商务公司）	I09	52.20	总经理兼董事长	男	45	EMBA	没有
05（在线融资公司）	I10	44.07	总经理兼董事长	女	43	MBA	没有
06（电子商务公司）	I11	37.23	董事长	男	42	硕士	没有
07（在线物流公司）	I12	0.00	财务总监兼董事会秘书	女	42	MBA	一次
08（在线信息公司）	I13	0.00	董事会秘书	男	46	本科	没有
09（营销技术公司）	I14	0.00	财务总监兼董事会秘书	女	51	本科	没有

续表

新创企业背景信息	被访者编号	股权（%）	职位	性别	年龄	教育水平	权力持有者创业经历
10（电子商务公司）	I15	0.00	财务总监兼董事会秘书	男	54	本科	没有
11（网络游戏公司）	I16	0.00	董事会秘书	男	51	本科	一次

问题一：在制定新创企业的战略决策过程中，什么最能代表一个人的权力？

公司法规定，股东会会议作出修改公司章程、增加或者减少注册资本的决议，以及公司合并、分立、解散或者变更公司形式的决议，必须经代表三分之二以上表决权的股东通过。我们的一位被访者（I12）说："在制定公司重大经营决策中，我们通常会按照流程和规章来，该报董事会的报董事会，该报股东会的报股东会；但实际上，还是由这几个核心创始人决定的，毕竟他们掌握了绝大部分的股权。而股权就是话语权，股权对决策的影响是非常大的。"另一位被访者（I01）也解释了股权和职位权力的区别，"如果两个人中，一个人股权高，一个人职位高，那么在业务层面的日常经营决策中，业务负责人话语权更大；涉及股东大会的重大经营决策时，有股权的人权力更大。在我看来，综合来说肯定还是有股权的人地位更高"。

此外，尽管一些战略研究主要关注结构权力，例如高管头衔数量和董事会席位（Patel & Cooper，2014），但这并不适用于本研究情境。通过对创业团队成员的访谈，我们发现新创企业必须满足新三板的监管要求，按照要求披露相应的高级管理人员职位，而不管公司自身的实际需求如何。因此，一个高管团队成员的职位或头衔的数量并不能准确地代表其在团队中的实际权力。一位被访者（I06）解释说："年报中披露的岗位主要是由于新三板的要求，公司内部互动以及分工并没有按照对外的岗位来。比如,我们的美术总监这一岗位在新三板的规章中就找不到;新三板要求要有副总,而对于我们公司来说,其实不需要副总。(为了合规需要)我自己目前身兼数职(财务总监、董事会秘书、董事),如果这些对外的 title 代表实际权力的话,那也太不公平了。"因此,在本研究样本中创业团队的集体决策情境下,股权最能代表创业团队成员的权力。

问题二:创业团队权力层级如何影响集体决策过程?

本研究在理论推导部分提出,创业团队权力层级对新创企业绩效既有益处又有损害,这可能是由于权力层级一方面有助于提升创业团队集体决策效率,另一方面可能会损害创业团队集体决策质量。我们对创业团队的权力持有者和团队成员的访谈表明,这两种影响都是切实存在的。

我们发现,集中的权力结构的确可以帮助创业团队有效地解决纠纷。正如一位被访者(I14)所说:"当高管们在公司业务的具体方法上有意见不统一的时候,我们往往是各自都表态,有一个互相说服的过程,如果说服不了彼此的话,就由 X 总(总经理,持有 36.67% 的股权)集合大家的想法、进行整理、评估可行性并最终拍板。我认为新创企业管理中还是要有一个人有绝对的话语权。因为聪明人很多,每个人都有很多想法,很容易会出现不断讨论之后谁也不服谁,如果没有一个人有绝对话语权,那就没人整合,事情也没法运作下去了。"另一位被访者(I01)指出了平均分配股权的缺点:"在我创业早期,因为讲义气,我们三个创始人持股比例相当,一个负责技术,一个负责运营,一个负责市场。但随着公司经营发展,大家都会相互学习,每个人都有了综合能力,以至于谁也不服谁,这时平权状态就导致我们的冲突无法有效地解决。"

我们还发现,权力层级会阻碍创业团队成员有效整合不同的观点,并损害决策的质量。例如,一位创业团队成员(I12)承认他们在决策过程中过度依赖权力持有者。"他(权力持有者)通常会提出一个想法,而我们所有人(其他创业团队成员)通常都会附和,而不是提出我们自己的想法和意见。"其中一位权力持有者（I11）还表示，他们在战略决策中没有充分考虑权力较低的创业团队成员的意见，"（至于）大方向或公司的战略，我和总经理讨论，而其他成员最多只能表达自己的意见，但实际上他们也不想表达自己的意见……他们的能力不足以对公司的战略提供建议"。相反，另一位来自一家权力平等分配的创业团队的被访者（I15）表示"在扁平的结构下，每位高管的发言权相对平等，总经理能够充分倾听和整合高管成员的意见"。

这些质性访谈的发现支持了我们关于创业团队权力层级对集体决策过程的理论推导，即创业团队权力层级一方面提高了集体决策的效率，另一方面阻碍了不同思想的整合，损害集体决策的质量。

问题三：其他创业团队成员如何看待权力持有者创业经历？

我们的访谈结果支持了目前关于连续创业者的研究发现，即有着丰富创业经验的权力持有者在其他创业团队成员眼中拥有更多的社会资本，能够更准确地识别创业机会，并有效地管理团队（Paik，2014；Ucbasaran et al.，2009）。一位被访者（I04）说："我们算很小的公司，以 Y 总（权力持有者）为主导，决策短平快就可以了，不用搞复杂。而且 Y 总在互联网领域连续创业，信息多，也认识很多朋友。一般决策以 Y 总意见为主，其他高管参与、辅佐，在我们的高管团队中也没有人比 Y 总对行业的理解站得更高了。并且，过往创业经历会让 Y 总对外部环境、国家政策有敬畏。自己踩过的红线，包括周围的朋友有人出过事，对他来说是一种警醒。"因此，创业团队成员对有过往创业经历的权力持有者更加尊重。另一位被访者（I12）指出："他（权力持有者）当时认为，既然要做物流行业，停在表面肯定是不行的，还是要深入下去知道物流到底在做什么。于是他辞职创立了一家物流公司并且成功了。在那家物流公司的工作中，他发现越来越多的司机在用智能手机，于是想要再次创业，创立了现在我们这家互联网物流平台公司。因为他过往的创业经历，大家也会比较服他。"这些访谈证据有力地表明，其他创业团队成员确实会认为拥有丰富过往创业经历的权力持有者有更高的能力。

综上所述，这些质性访谈结果为我们在定量分析中的理论解释提供了依据。首先，在本研究中的创业团队集体决策情境下，股权是创业团队成员权力最恰当的代理指标；其次，创业团队权力层级的确会影响集体决策的效率和质量，进而作用于新创企业绩效；最后，过往创业经历可以作为创业团队成员感知的权力持有者能力的代理指标。

第五节　讨论与小结

一　主要研究发现

本研究的目的旨在探讨创业团队权力层级对新创企业绩效的影响。我们对中国互联网新创企业的二手数据分析发现，创业团队权力层级和同质性（职能背景同质性和共同团队经历）会交互影响新创企业绩效。当职能背景同质性或共同团队经历较低时，权力层级对新创企业绩效会产生积极影响；当职能背景同质性或共同团队经历较高时，权力层级对新创企业绩效会产生消极影响。权力持有者创业经历会增强不同创业团队同质性水平下权力层级对新创企业绩效的积极与消极影响。在异质（同质）的创业团队中，当权力持有者拥有更多的过往创业经历时，创业团队权力层级对新创企业绩效的积极（消极）影响会更加强烈。此外，针对样本中新创企业高管成员的补充质性访谈分析也支持了我们对定量研究结果的理论解读。

二　理论意义

本研究对创业团队文献做出了多方面的贡献。首先，我们探讨了创业团队成员之间的权力分配对新创企业绩效的影响，从而填补了这方面研究的空白。尽管研究者们已经开始关注谁应该掌控新创企业管理中的权力，但据我们所知，目前还很少有研究直接检验创业团队权力层级对新创企业绩效的影响。大部分研究还集中在从代理理论（Jensen & Meckling，1976）和资源依赖理论（Pfeffer & Salancik，1978）等理论视角探究核心创始人与其他高管层之间的权力博弈（所谓创始人的"控制困境"，例如，Hendricks et al.，2019；Wasserman，2017），或者创业团队创始成员与独立外部董事（Kroll et al.，2007）之间的权力分配。这些研究忽视了创业团队是充满高度互依性的群体，权力结构会影响团队成员的互动过程和集体决策，因此是影响创业成功的关键因素（Klotz et al.，2014；Knight et al.，2020）。

尽管某些研究中没有进行直接检验，但其结果表明，创业团队权力层级与新创企业绩效之间可能存在权变的关系。例如，虽然权力通常在创业团队成员中不均等分布（Cooney，2005）或集中在一位核心创业者手中（Ensley et al.，2000），但是所有创业团队成员平分股权或共享领导职位会更好地整合集体智慧（Chen et al.，2017；Ensley et al.，2006；Zhou，2016）。Breugst et al.（2015）发现了创业团队股权差异的双刃剑效应：创业团队不均等的股权分配会降低公平感知进而消极影响团队互动，但会提高集体决策效率。根据结构权变理论（Burns & Stalker，1961；Donaldson，2001）和权力层级文献（Anderson & Brown，2010；Tarakci et al.，2016），本研究贡献于创业团队权力层级的利弊之间的争论。我们认为不存在一种适用于所有创业团队的最佳权力结构，创业团队权力层级对新创企业绩效的影响取决于创业团队的构成和权力持有者的特征。本研究发现了不同团队构成权变因素下创业团队所面临的独特挑战，研究结果表明，当团队容易受到意见冲突（同质性水平较低）的影响时，创业团队权力层级有利于新创企业绩效，但当创业团队缺乏多元观点（同质性水平较高）时，创业团队权力层级不利于新创企业绩效。此外，在特定创业团队构成权变因素下，创业团队权力层级对新创企业绩效的影响也会随着权力持有者的能力（例如，过往创业经历）的提高而增强。

其次，本研究丰富了探讨创业团队构成与新创企业绩效关系的研究。过往研究主要集中在探讨创业团队水平维度的多样性（例如，人口统计变量的多样性）的影响上，研究结果表明其对新创企业绩效的影响是积极的（Beckman et al.，2007；Jin et al.，2016）、混合的（Hmieleski & Ensley，2007）或不显著的（Amason，Shrader & Tompson，2006；Chowdhury，2005）。然而，这些研究忽视了创业团队垂直维度的不平等（如权力、地位或领导职位的层级化分布）对新创企业绩效的影响（Ensley et al.，2006；Zhou，2016）。正如 Harrison 和 Klein（2007）所指出的，水平维度的多样性和垂直维度的不平等作为两种团队构成特征，对团队运行均有显著的影响。Bunderson 和 Van der Vegt（2018）还提出，水平维度的多样性和垂直维度的不平等可能会交互影响团队过程和绩效。因此，本研究提出，在关注创业团队构成对新创企业绩效的影响时，研究者们应同时检验水平维度的多样性（例如，职能背景异质性）和垂直维度的不平等（例如，权力层级）及其交互作用的影响。

最后，我们拓展了有关结构权变理论（Burns & Stalker，1961；Donaldson，2001）的文献。以往大多数采用结构权变理论的研究都聚焦于单一权变因素（Dimotakis et al.，2012；Gresov，1989），或者独立检验多个权变因素的作用（Eesley et al.，2014；Hambrick & Cannella Jr.，2004）。虽然已有研究者探索多个权变因素之间的潜在交互影响（Donaldson，2001；Gresov，1989），但这些研究均基于组织结构取决于情境需求这一前提假定。通过将权力层级文献与结构权变理论相结合，本研究同时考虑了特定情境对团队结构的要求和团队成员对既有结构的接受程度，从而为多个权变因素如何交互影响权力结构的适用性提供了更细致的解释。本研究结果表明，职能背景同质性或共同团队经历等团队构成因素可以有效识别出情境需求，确定创业团队权力层级促进还是抑制新创企业绩效。核心创业者或权力持有者的能力（例如，过往创业经历）会影响其他团队成员对其的顺从，从而在特定水平的创业团队构成条件下增强权力层级的影响。本研究同时考虑了多个权变因素，尤其是其相互之间的交互作用对于创业团队结构与新创企业绩效之间关系的影响，从而丰富了结构权变理论。

三 实践启示

除了上述对于当前文献的理论贡献，本研究的发现对于创业团队应该如何设计权力结构也有重要的实践启示。首先，就创业团队股权结构的设计而言，集中的权力结构对创业团队既有利也有弊。在层级分明的权力结构中，创业团队成员非常明确在发生冲突时应听从谁的意见，从而确保集体决策的效率，但这样的权力结构无法充分汇聚来自所有团队成员的多样化观点。为新创企业制定重大战略决策时，集权的创业团队可能会过度依赖权力持有者。创业者在采用层级化的权力结构时应考虑到这一问题。例如，虽然季琦对创业团队拥有绝对的控制权，但在制定重大决策时会通过与团队中的每位成员进行一对一交流来集思广益（季琦，2013）。

其次，根据结构权变理论（Burns & Stalker, 1961; Donaldson, 2001），本研究表明，对于所有创业团队来说，没有哪种权力结构是最佳结构；只有当创业团队的权力结构与权变因素相匹配时，新创企业才会达到最佳绩效。如前所述，许多创业者和投资人认为集中的权力结构可以有效解决不同团队成员之间的冲突意见，因此有利于创业团队运行（丛真，2015；季琦，2016；雷军，2019）。但是，根据本研究的发现，上述观点仅在创业团队成员的观点极其异质化（例如，职能背景同质性或共同团队经历较低）的情况下才成立。相反，当创业团队成员的职能背景或特定知识趋向同质化时（例如，职能背景同质性或共同团队经历较高），创业团队取得成功的主要障碍是缺乏多样化的观点而非快速解决冲突，此时平等的权力结构可以更好地解决这一问题。因此，在设计垂直维度的创业团队权力分配时，创业者还应考虑水平维度的团队构成因素，从而确保采用最合适的权力结构。

本研究结果对于在创业团队中担任权力持有者的连续创业者也具有重要的启示。他们应该认识到过往创业经历的双刃剑影响，合理利用过往创业经历所积累的相关知识，在复杂而动荡的创业环境中，审慎地评估过往经验是否适用于当下新创企业的管理。具体地，当连续创业者在异质化的创业团队中担任权力持有者时，他/她可以利用过往知识来有效地协调团队中冲突的观点；在同质化的创业团队中，他/她应该鼓励其他创业团队成员充分表达自己的独特观点，从而避免过分依赖自己的过往创业经历。

四 局限与展望

尽管子研究一在理论和实践方面都有若干重要意义，但是也不可避免地存在一些局限性，值得后续研究进一步探索。

首先，本研究样本中的 285 家新创企业均来自互联网行业，没有考虑到行业层面的权变因素对本研究结论可能造成的影响。例如，在一些传统行业中，新创企业面临的外部环境比互联网行业更稳定、更具可预测性，此时特定的情境因素对创业团队集体决策效率的需求超过了对多样化观点的需求。因此，在这样的行业环境中，无论团队构成如何，创业团队权力层级可能都会对新创企业绩效产生积极影响。尽管本研究的单一行业取样方法与以往的相关研究一致（Jiang et al., 2018；Fernhaber & Li, 2013；Li et al., 2012），但未来研究可以采用来自多个行业的样本，从而更好地解决这一问题。

其次，由于本研究采用二手数据分析，我们仅依靠客观而非主观的数据来测量变量。例如，为了测量创业团队成员的权力，我们采用了每个创业团队成员的持股比例作为依据。尽管我们补充了质性访谈，以确保这一选择适用于本研究情境。但是，以往也有相关研究强调了权力具有相对性和感知性的特点——"只有在得到他人的认可时，权力才真正存在，并能发挥出效用"（Smith et al., 2006）。因此，未来研究可以采用主观方法（例如，轮转法问卷设计）直接衡量创业团队成员对彼此权力的感知，进而更加准确地刻画创业团队的权力层级。

此外，以往大多数研究者采用二手数据研究创业团队对新创企业绩效的影响（Klotz et al., 2014）。正如他们一样，我们无法在定量分析中直接检验所提出的创业团队权力层级与新创企业绩效之间的过程机制（即集体决策）。虽然在补充的半结构化访谈中，我们为该理论推导获得了一些证据支持，但明确创业团队权力层级与创业团队过程机制之间因果关系的更好方法是使用问卷调查或多轮次的纵向访谈。此外，根据权力层级文献（Greer & Van Kleef, 2010; Slade Shantz et al., 2020），除了集体决策的效率和质量，今后的研究还可以探讨权力层级对其他创业团队过程（例如，权力争夺）或涌现状态（例如，集体心理所有权）的影响，从而更充分地揭示创业团队权力层级作用于新创企业绩效的过程机制。

第五章

创业团队权力层级与新创企业绩效关系的学习过程机制研究

第一节 问题提出：创业团队权力层级的权变作用如何影响新创企业绩效？

早期关于创业团队的研究大多从高阶梯队理论视角（Hambrick，1995）出发，直接把创业团队特征与新创企业后果相关联，并未揭示这一因果关系之间的作用机制（Beckman，2006；Kroll et al.，2007；McGee et al.，1995）。此外，权力层级领域也有许多研究是基于运动团队或高管团队的二手数据分析，因而在实证方法上难以对权力层级作用于团队后果的过程机制进行深入的刻画（Fredrickson et al.，2010；Halevy et al.，2012；He & Huang，2011）。理论层面上，采用结构权变理论的实证研究通常也未能解释权变因素与结构之间的交互作用于团队绩效的过程机制（Hollenbeck et al.，2002）。这样一来，我们就难以解析创业团队权力层级与权变因素之间的匹配是如何影响创业团队互动过程并最终促进或抑制新创企业绩效这一问题。正如 Klotz et al.（2014）所指出的，仅仅将创业团队特征作为自变量，将新创企业后果作为因变量，研究二者之间的直接效应已经远远不够，未来研究应充分探索这一效应中的潜在机制和情境因素。因此，研究创业团队权力层级—新创企业绩效之间权变关系的潜在机制无论是理论还是实践都意义重大。

为了完善上述当前文献存在的不足和进一步发展创业团队权力层级的作用机制研究，我们在子研究二中将探讨创业团队权力层级的权变作用是通过何种机制影响新创企业绩效这一问题。为了回答上述研究问题，本研究基于结构权变理论（Burns & Stalker, 1961; Donaldson, 2001）和双元学习理论（He & Wong, 2004）来发展理论模型。具体地，本研究提出新冠疫情事件强度这一外部权变因素调节了创业团队权力层级与新创企业绩效之间的关系。此外，我们进一步提出探索式学习与利用式学习在创业团队权力层级和新冠疫情事件强度的交互与新创企业绩效的关系中起中介作用。

我们以来自杭州的 86 家新创企业的 248 位创业团队成员的问卷调查数据为样本，采用轮转法（Kenny, 1994）及多来源设计来检验模型中的假设关系。本研究主要做出了以下两个方面的贡献。首先，我们打开了创业团队权力层级的权变作用与新创企业绩效关系之间的"黑箱"，揭示了探索式学习、利用式学习两种学习过程机制在其中发挥的作用。其次，基于结构权变理论，本研究识别出了影响创业团队权力层级发挥效应的外部权变因素——新冠疫情事件强度，补充了子研究一关于内部权变因素的发现。图 5.1 呈现了子研究二创业团队权力层级与新创企业绩效关系的学习过程机制概念模型。我们将在接下来的小节中，详细论述假设关系的理论逻辑。

第二节　理论基础和假设提出

创业团队权力层级指对有价值的资源的掌控以及影响他人的能力

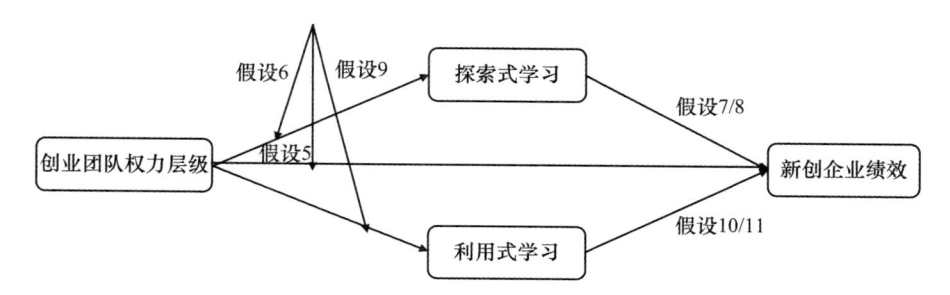

图 5.1　子研究二创业团队权力层级与新创企业绩效关系的学习过程机制概念模型

集中于一位或少数几位团队成员的程度（Bunderson et al.，2016）。以往许多研究探究了权力层级对团队绩效的影响（Anderson & Brown，2010；Halevy et al.，2011；Greer et al.，2018；Magee & Galinsky，2008），但得出的研究结论并不完全一致。从层级功能主义视角出发，权力层级可以减少纠纷，提升团队决策效率（Halevy et al.，2011；He & Huang，2011）。在创业团队中，如果成员服从权力更高者的决定，截然不同的意见也能轻易得以调和。因此，和平等的权力结构相比，权力层级能加速创业团队的决策制定，进而提升绩效。相反，秉持功能障碍主义视角的学者认为团队层级会阻碍团队内的信息加工。根据权力的趋近—抑制理论（Keltner et al.，2003），高权力个体更可能采取"趋近"的反应模式，例如更关注机会，表现出积极情绪和冒险行为；而低权力个体则更倾向于采取"抑制"的反应模式，例如更留意威胁，表现出消极情绪和抑制行为。因此，团队内的权力差异会使处于不同权力层级的个体采取不同的行为模式，使得低权力者不愿表达自己的异质性观点，进而阻碍团队内部多样化观点的整合，损害团队绩效。

结构权变理论（Burns & Stalker，1961；Donaldson，2001）提出，并不存在一个能够适用于所有组织的最佳结构，适应组织具体权变因素的结构才是最有效的。权变因素包括环境条件、技术变革（Burns & Stalker，1961）以及组织规模（Child，1975）、战略类型（Eesley et al.，2014）、任务不确定性（Gresov，1989）等多种外部和内部权变因素。在子研究一中我们探讨了包括职能背景同质性和共同团队经历在内的两种创业团队同质性特征如何影响创业团队所处情境中的主要挑战,从而决定创业团队权力层级究竟促进还是抑制新创企业绩效。此外,在特定水平的创业团队同质性情境下,权力持有者创业经历还会进一步加强创业团队权力层级对新创企业绩效的积极或消极效应。然而,以上探索仅停留在创业团队内部的权变因素,而创业团队并非在真空中运行,团队成员处于新创企业内外部的边界,同时面临着与外部环境刺激的直接交互。因此,在本研究中,我们进一步地探索突发的外部事件作为一种权变因素会对创业团队权力层级和新创企业绩效的关系带来怎样的影响。

一 新冠疫情事件强度的调节作用

根据事件系统理论(Morgeson et al., 2015),实体所经历的动态事件会显著地影响和改变着实体。如前文所述,权力层级的功能主义视角和功能障碍主义视角对于外部环境所提出的情境需求同样持不同的前提假定,例如突发性事件的强度。功能主义视角假定创业团队面临动荡变化、高度不确定的环境,随时需要处理突发事件带来的冲击,此时权力层级能有效解决分歧(Greer & Van Kleef, 2010)。但功能障碍主义视角则假定创业团队处于相对稳定、可预测的环境,因此没有必要建立权力等级;此时,权力层级可能限制信息交换,降低团队绩效(Bunderson & Reagans, 2011; Haleblian & Finkelstein, 1993)。因此,突发性事件的强度决定了创业团队面临的主要挑战是提升决策效率还是促进信息交换,从而影响创业团队权力层级对新创企业绩效的最终效应。我们认为,创业团队权力层级对新创企业绩效的作用取决于外部突发性事件的强度。特别地,根据我们调研的时间节点(2021年1月),本研究选择新冠疫情事件强度来作为影响创业团队权力层级与新创企业绩效的关系的外部权变因素。

2020年，一场突如其来的新冠疫情打乱了人们的日常工作和生活，对于许多新创企业更是造成了致命的冲击，供应链、现金流等日常经营管理陷入全面瘫痪。据人民法院公告网显示，自2020年1月22日疫情暴发，短短两个月之内已有逾1000家企业发布破产公告（赵家云，2020），其中绝大多数都是本就在艰难前行的新创企业。因此，了解新冠疫情事件如何作为一种外部权变因素影响着创业团队权力层级的效应对于理论和实践均有重大意义。结合前文中提到的理论基础，我们认为由于不同新创企业受到疫情冲击的程度不同，创业团队权力层级对新创企业绩效的影响也不尽相同。具体而言，当新冠疫情事件强度较高时，创业团队权力层级能高效协调并凝聚团队，从而更好地应对突发性事件对于企业经营的冲击，有利于新创企业绩效（Greer & Van Kleef，2010）。相反，另一些企业则受到相对较轻的疫情冲击，仍然处于比较稳定、可预测的环境，此时权力层级可能会由于阻碍团队内部的深度信息加工而降低新创企业绩效（Bunderson & Reagans，2011；Haleblian & Finkelstein，1993）。

综上所述，本研究提出如下假设：

假设5：新冠疫情事件强度调节了创业团队权力层级与新创企业绩效之间的关系。当新冠疫情事件强度低时，创业团队权力层级对新创企业绩效有消极影响；当新冠疫情事件强度高时，创业团队权力层级对新创企业绩效有积极影响。

二 探索式学习和利用式学习的中介作用

在上文中，本研究已经分析了新冠疫情事件强度和创业团队权力层级的交互是如何影响新创企业绩效的。进一步地，本研究深入研究这一权变作用与新创企业绩效关系之间的过程机制。根据权力层级和组织学习相关理论，创业团队的学习过程可能是权力层级与新创企业绩效关系的一个重要过程机制。一方面，持功能主义视角的学者提出权力层级可以提升心理安全，有助于促进团队学习过程

（Bunderson & Boumgarden，2010）。另一方面，持功能障碍主义视角的学者也指出，低层级的成员通常会在团队互动中顺从于高层级的成员，进而对知识分享以及学习等团队互动过程造成消极影响（Bunderson & Reagans，2011；Magee & Galinsky，2008；胡琼晶和谢小云，2015）。根据 He 和 Wong（2004）提出的双元学习理论，组织学习包括探索式学习和利用式学习两种类别。其中，探索式学习侧重于开展全新的管理实践或方法，利用式学习则侧重于对已有管理理念、方式、技巧的运用、改进与延伸。这两种学习均能够帮助新创企业获取竞争优势，发现新的市场机会，更好地满足市场需求，从而促进新创企业绩效（吴晓波等，2018）。

基于结构权变理论（Burns & Stalker，1961；Donaldson，2001），本研究首先提出创业团队权力层级与探索式学习之间的关系可能受到新冠疫情事件强度的影响。探索式学习意味着"创新、机会、搜索、变化以及风险"（吴晓波等，2018），需要创业团队成员之间高水平的知识交换和深度的信息加工。当新冠疫情事件强度低时，创业团队处于相对平稳可预测的环境之中，此时权力层级不利于平等的信息交换，对探索式学习有消极影响；相反，当新冠疫情事件强度高时，外部环境充满不确定性，创业团队权力层级可以明确统一战略方向，提升团队成员的心理安全，促进团队的探索式学习相关活动。

综上所述，本研究提出如下假设：

假设6：新冠疫情事件强度调节了创业团队权力层级与探索式学习之间的关系。当新冠疫情事件强度低时，创业团队权力层级对探索式学习有消极影响；当新冠疫情事件强度高时，创业团队权力层级对探索式学习有积极影响。

假设7：探索式学习对新创企业绩效有积极影响。

鉴于本研究在假设6中提出新冠疫情事件强度调节了创业团队权力层级与探索式学习之间的关系，并且在假设7中提出探索式学习对新创企业绩效有积极影响，实际上本研究刻画了一个创业团队权力层级和新冠疫情事件强度的交互效应通过探索式学习作用于新创企业绩效的过程。因此，本研究提出如下假设：

假设8：探索式学习在创业团队权力层级和新冠疫情事件强度的交互与新创企业绩效的关系中起中介作用。

此外，本研究还提出创业团队权力层级与利用式学习之间的关系可能受到新冠疫情事件强度的影响。利用式学习倾向于"基于已有资源进行选择、精炼以及追求效率"（吴晓波等，2018）。当新冠疫情事件强度低时，创业团队处于相对平稳可预测的环境之中，此时平等的权力结构可以确保创业团队做出高质量的集体决策，选择最优解决方案，而层级化的权力结构对创业团队利用式学习可能会有消极影响；相反，当新冠疫情事件强度高时，新创企业面临强烈的外部冲击，此时高度层级化的创业团队权力结构可以快速调和成员之间的多样化观点并形成落地方案，积极影响创业团队的利用式学习。

因此，本研究提出如下假设：

假设9：新冠疫情事件强度调节了创业团队权力层级与利用式学习之间的关系。当新冠疫情事件强度低时，创业团队权力层级对利用式学习有消极影响；当新冠疫情事件强度高时，创业团队权力层级对利用式学习有积极影响。

假设10：利用式学习对新创企业绩效有积极影响。

鉴于本研究在假设9中提出新冠疫情事件强度调节了创业团队权力层级与利用式学习之间的关系，并且在假设10中提出利用式学习对新创企业绩效有积极影响，实际上本研究刻画了一个创业团队权力层级和新冠疫情事件强度的交互效应通过利用式学习作用于新创企业绩效的过程。因此，本研究提出如下假设：

假设11：利用式学习在创业团队权力层级和新冠疫情事件强度的交互与新创企业绩效的关系中起中介作用。

第三节 研究方法

一 调研样本和调研流程

子研究二以 86 个创业团队为样本,采用了轮转法设计来收集创业团队成员的权力相关数据,最后通过多种分析方法对本研究所提出的假设进行了检验。研究者前往杭州的各大创业园区拜访入驻的新创企业,在获得允许后邀请新创企业的核心成员(即主要参与决策和负责管理的成员)参与本次调研。我们严格按照 Klotz et al.(2014)对于创业团队的定义来选择本研究的参与者,所有参与者都是在新创企业参与决策或负责管理的核心管理成员,而非普通的企业雇员。共有来自 92 家新创企业的 263 位创业团队成员参与了本次研究。在剔除了填答人数不足 2 人或没有核心创始人参与的团队后,本研究最终的样本为 86 家新创企业团队的 248 位成员,参与者的平均年龄为 34.27 岁(标准差 = 6.78),其中 72.18% 的参与者为男性,27.82% 的参与者为女性,80.57% 的参与者拥有本科以上学历。86 家新创企业的成立时间平均为 4.32 年(标准差 = 3.22),创业团队规模即新创企业核心成员的数量平均为 3.26 人(标准差 = 1.42),35.19% 的新创企业员工总数为 10 人以下,29.63% 的新创企业员工总数为 10—50 人,35.18% 的新创企业员工总数为 50 人以上。

本研究采用轮转法设计来测量权力,即每个参与者都要评价其所在创业团队中除他/她本人之外的其他成员的权力水平;此后再评价新冠疫情事件强度、探索式学习和利用式学习;最后填写关于企业规模、成立时间等公司相关数据,以及个人性别、年龄、职能背景、加入团队的时间等人口统计信息。此外,每个团队中的核心创始人需要对其所在新创企业的销售额、市场占有率、雇员数量等增长率进行评价,并被要求尽可能地提供关于营业收入增长指标的客观数据。本研究在数据收集过程中采用了多源截面设计，即自变量权力层级采用他评基础上的轮转法设计，调节变量新冠疫情事件强度及中介变量探索式学习和利用式学习由全体团队成员评价，因变量新创企业绩效由核心创始人评价。这些措施和做法有利于削弱共同方法偏差对本研究结果的潜在影响（Podsakoff et al.，2003；Podsakoff et al.，2012）。

二　变量测量方式

为了测量上文所述假设模型中的变量，本研究在已有的英文成熟量表的基础上，结合研究情境做适度改编之后形成了本研究的测量量表。考虑到量表最初是采用英文开发的，而本研究在中国情境下实施测量，本研究严格按照Brislin（1980）所推荐的翻译—回译步骤来形成问卷题目。更具体地，我们首先将量表从英文翻译成符合调研情境的中文，然后由两名熟练掌握中文和英文的管理学博士研究生审阅中英文量表，以确保语义清晰对等。

权力层级（轮转法）。本研究采用轮转法问卷设计来测量创业团队成员的权力。具体地，研究者首先提供创业团队的全部成员名单，要求每位成员对除本人之外的所有成员的权力水平进行评价。由于轮转法测量需要对团队内多位成员进行评价（在本研究中为2—8名团队成员），可能造成参与人员的高认知负荷和厌倦情绪，因此遵照以往相关研究（Bunderson et al.，2016；Cantimur et al.，2016；Smith et al.，2006），我们采用单题项问卷对个体权力水平进行测量。参照Cantimur等（2016）的单题项问题，并结合本研究所采用的权力定义（Magee & Galinsky，2008），我们将测量问题设定为："我认为该同事在团队中权力有多大（如他/她对资源拥有不对称的控制权，有能力让他人实施自己的意愿）"，通过李克特5点量表对该题项进行打分，其中"1"代表"非常小"，"5"代表"非常大"。该测量的R_{wg}的中位数是0.83，ICC（1）和ICC（2）分别是0.41和0.64，显示参与者对于其所在创业团队成员权力的评价的组内评分者信度较高。每位成员的权力水平即为该团队所有其他成员对他/她权力评价的平均数。在获得每位成员的权力水平后,与子研究一及过往研究一致(Bunderson,2003;Bunderson et al.,2016),本研究通过 Freeman(1978)的集中度指数计算权力层级:$\sum(C_{max}-C_i)/(n-1)^2$,其中 C_i 为每位成员的权力水平,C_{max} 为创业团队中最高的权力水平,n 为创业团队规模。

新冠疫情事件强度(团队)。本研究基于刘东和刘军(2017)对于事件强度的定义,从他们所开发的量表中选取了新颖性维度的4个题项来测量新冠疫情事件强度。具体测量题目包括"疫情发生后,我们有相应的规则、程序或者指南来予以应对(反向计分)"、"我们可以依靠既有的程序与措施来应对疫情(反向计分)"、"我们有易于理解的程序步骤去应对疫情(反向计分)"和"我们有清晰可知的方法去应对疫情(反向计分)"。本研究邀请创业团队的全体成员评价以上描述在多大程度上符合其所在的创业团队过去一年应对新冠疫情带来的影响,通过李克特7点量表对以上4个题项进行打分,其中"1"代表"完全不符","7"代表"完全符合"。该测量的 Cronbach α 系数是 0.93。R_{wg} 的中位数是 0.95,ICC(1)和 ICC(2)分别是 0.14 和 0.33。

探索式学习(团队)。本研究采用 He 和 Wong(2004)所开发的4题项量表来测量探索式学习。具体测量题目包括"引进全新的产品或服务""拓展全新的产品或服务范围""进入全新的技术领域"和"开发全新的市场"。本研究邀请创业团队的全体成员评价在过去的一年里,其所在的创业团队在多大程度上参与了与上述相关的活动,通过李克特5点量表对以上4个题项进行打分,其中"1"代表"从不","5"代表"总是"。该测量的 Cronbach α 系数是 0.87。R_{wg} 的中位数是 0.96,ICC(1)和 ICC(2)分别是 0.13 和 0.31。

利用式学习(团队)。本研究采用 He 和 Wong(2004)所开发的4题项量表来测量利用式学习。具体测量题目包括"提高现有产品或服务的质量""提高当前业务的灵活性""降低现有产品或服务成本"和"提高现有产品或服务的产出和降低能耗"。本研究邀请创业团队的全体成员评价在过去的一年里，其所在的创业团队在多大程度上参与了与上述相关的活动，通过李克特5点量表对以上4个题项进行打分，其中"1"代表"从不"，"5"代表"总是"。该测量的Cronbach α系数是0.84。R_{wg}的中位数是0.95，ICC（1）和ICC（2）分别是0.03和0.08。[①]

新创企业绩效（核心创始人）。本研究采用Shan，Song和Ju（2016）研究中的4题项量表来衡量新创企业绩效，具体测量题目包括"与行业内的其他竞争对手相比，本公司的销售额增长要高得多""与行业内的其他竞争对手相比，本公司的市场占有率增长要高得多""与行业内的其他竞争对手相比，本公司的利润增长要高得多""与行业内的其他竞争对手相比，本公司的员工数量增长要高得多"。创业团队中的核心创始人通过李克特7点量表对以上4个题项进行打分，其中"1"代表"完全不符"，"7"代表"完全符合"。该测量的Cronbach α系数是0.80。由于子研究二采用的用于衡量团队绩效的新创企业绩效是由核心创始人主观评价的，为了验证主观评价与客观指标的一致性，本研究额外要求核心创始人在主观评价所在新创企业绩效的同时填写新创企业客观的营业收入增长数据，即"在过去一年中我们公司的营业收入增长了（　）%"，86家公司中的61家填写了该数据。本研究用新创企业绩效的主观评分与客观的营业收入增长数据做相关分析发现，主观绩效评分与客观的营业收入增长数据显著正相关（$r=0.27$，$p<0.05$）。说明本研究对于新创企业绩效的主观测量与客观指标之间

---

① 根据Greer和Van Kleef（2010），平均规模较小的团队样本（本研究的86个团队中的平均每个团队填答人数为2.85，其中有43个团队仅有2人填答）的ICC分值通常较低，结合R_{wg}分值综合判断，该变量具备在团队水平聚合的合法性。

具有一致性。

控制变量。为了降低替代性解释的可能性并提升本研究所关心自变量（即创业团队权力层级）的预测效度，本研究控制了一系列来自不同水平的控制变量。首先，本研究控制了每个创业团队的规模，因为团队规模对新创企业绩效可能有较大的影响（Jin et al.，2016）。其次，许多团队相关研究指出团队在不同的生命周期会呈现不同的状态，团队生命周期很可能会对团队绩效产生影响（Gersick & Hackman，1990），因此本研究控制了团队平均任期，任期指的是团队成员自加入团队以来到调研时为止在团队中的工作时长。再次，我们控制了创业团队在年龄、性别和职能背景方面的多样性，因为这些因素也可能影响新创企业绩效（Jin et al.，2016；He & Huang，2011）。和子研究一一致，我们使用变异系数表示年龄的多样性，用 Blau（1977）指数表示性别和职能背景的多样性。最后，本研究还控制了企业规模，通过邀请创业团队成员报告公司员工总人数的范围（1 = 10 人以下，2 = 10—50 人，3 = 50—100 人，4 = 100—200 人，5 = 200 人以上）来获得（Belgraver & Verwaal，2018）。

三 分析策略

为检验上文中所提出的假设模型，本研究分三步执行数据分析。第一，本研究采用 SPSS 中的线性回归模块来执行逐步回归分析。第二，本研究根据 Cohen 等（2013）的建议在调节变量的高、低两个水平（即 ±1.5 倍标准差）来进行简单效应分析并绘制调节作用图。第三，为进一步确认假设 8 和假设 11 所提出的中介作用，本研究采用基于参数的 bootstrap 技术估计间接效应及其 95% 的置信区间（Preacher & Selig，2012）。

第四节 研究结果

一 描述性统计和相关分析

表 5.1 呈现了子研究二所有变量的描述性统计和相关分析的结果,从中可以看到,控制变量中团队平均任期和多样性与新创企业绩效没有显著的相关关系,团队规模($r = 0.29$,$p < 0.01$)和企业规模($r = 0.30$,$p < 0.01$)分别与新创企业绩效正相关。创业团队权力层级与新创企业绩效、探索式学习、利用式学习均无显著相关关系,这与本研究中的结构权变视角的理论主张相一致。接下来子研究二进一步采用多层回归分析来验证本研究所提出的假设。

二 研究假设检验结果

假设 5。在假设 5 中,本研究提出新冠疫情事件强度调节了创业团队权力层级与新创企业绩效之间的关系。当新冠疫情事件强度低时,创业团队权力层级对新创企业绩效有消极影响;当新冠疫情事件强度高时,创业团队权力层级对新创企业绩效有积极影响。为了检验该假设,本研究首先在模型 3 中加入调节变量,然后在模型 4 中加入自变量权力层级和调节变量新冠疫情事件强度的交互项。从表 5.2 和图 5.2 中可以看出,权力层级和新冠疫情事件强度的交互项对于新创企业绩效具有显著的积极作用(模型 4,$b = 0.39$,$p < 0.05$)。从模型 4 到模型 3,R^2 的变化值为 0.06,说明创业团队权力层级和新冠疫情事件强度的交互项可以解释 6% 的新创企业绩效变异。在我们的样本中,新创企业绩效发生 6% 的变化代表营业收入平均约 5.4% 的变化。

表 5.1　子研究二变量的均值、标准差和相关系数

变量	均值	标准差	1	2	3	4	5	6	7	8	9	10	11
1. 权力层级（轮转法）	0.78	0.79	—										
2. 新冠疫情事件强度（团队）	2.53	0.82	-0.02	(0.93)									
3. 团队规模	3.26	1.42	-0.33***	0.05	—								
4. 平均任期	4.12	2.31	0.12	0.16	-0.10	—							
5. 年龄多样性	0.12	0.10	0.13	0.02	0.03	0.04	—						
6. 性别多样性	0.22	0.23	-0.21*	-0.01	0.29***	-0.11	-0.06	—					
7. 职能背景多样性	0.43	0.25	-0.11	-0.07	0.36***	-0.08	-0.04	0.23**	—				
8. 企业规模	2.16	1.34	-0.19*	-0.07	0.33***	0.22**	-0.12	0.16	0.37***	—			
9. 探索式学习（团队）	3.31	0.63	0.02	-0.21*	0.09	-0.11	-0.17	0.00	0.01	0.22**	(0.87)		
10. 利用式学习（团队）	3.86	0.51	0.06	-0.24**	-0.02	-0.06	-0.05	0.07	-0.05	0.10	0.55***	(0.84)	
11. 新创企业绩效（核心创始人）	4.45	1.10	0.02	-0.12	0.29***	-0.06	0.01	0.02	0.04	0.30***	0.40***	0.29***	(0.80)

注：$N=86$ 个团队。* 表示 $p<0.10$；** 表示 $p<0.05$；*** 表示 $p<0.01$。括号中的数字为变量的 Cronbach α 系数。

第五章　创业团队权力层级与新创企业绩效关系的学习过程机制研究　　107

表 5.2　　　　　　子研究二假设 5、假设 7 和假设 10 检验结果

变量	新创企业绩效					
	模型 1	模型 2	模型 3	模型 4	模型 5	模型 6
控制变量						
团队规模	0.20**	0.24**	0.27***	0.28***	0.21**	0.22**
平均任期	-0.06	-0.08	-0.06	-0.03	-0.03	-0.03
年龄多样性	0.48	-0.20	-0.08	-0.75	0.95	0.33
性别多样性	-0.50	-0.38	-0.45	-0.38	-0.51	-0.50
职能背景多样性	-0.62	-0.68	-0.71	-0.96*	-0.48	-0.62
企业规模	0.25**	0.26**	0.25**	0.25**	0.17	0.20*
主效应						
权力层级		0.26	0.29*	-0.81		
新冠疫情事件强度			-0.12	-0.41**		
探索式学习					0.60***	
利用式学习						0.54**
调节效应						
权力层级×新冠疫情事件强度				0.39**		
R^2	0.16	0.19	0.21	0.27	0.28	0.23
ΔR^2		0.03	0.02	0.06	0.12	0.07

注：$N=86$ 个团队。* 表示 $p<0.10$；** 表示 $p<0.05$；*** 表示 $p<0.01$。表中显示的系数为非标准化的回归系数。

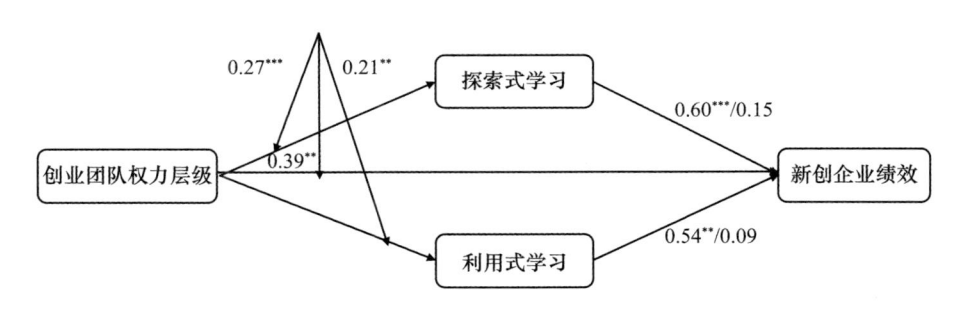

图 5.2　子研究二假设检验结果

注：$N=86$ 个团队。** 表示 $p<0.05$；*** 表示 $p<0.01$。为了确保图形的简洁性，本图只呈现所有假设关系分析结果，其他非假设的关系参见表 5.2 和表 5.3。

为了进一步解析这个显著的调节作用，本研究按照 Cohen 等（2013）的建议根据新冠疫情事件强度的高、低两个水平（即 ±1.5 倍标准差）在图 5.3 中绘制了这个显著的调节作用。简单效应分析表明，当新冠疫情事件强度高时，创业团队权力层级对于新创企业绩效具有显著的积极作用（$b=0.82$，$p<0.01$）；当新冠疫情事件强度低时，创业团队权力层级对于新创企业绩效的作用虽然消极但不显著（$b=-0.46$，无显著差异）。因此，假设 5 部分得到支持。

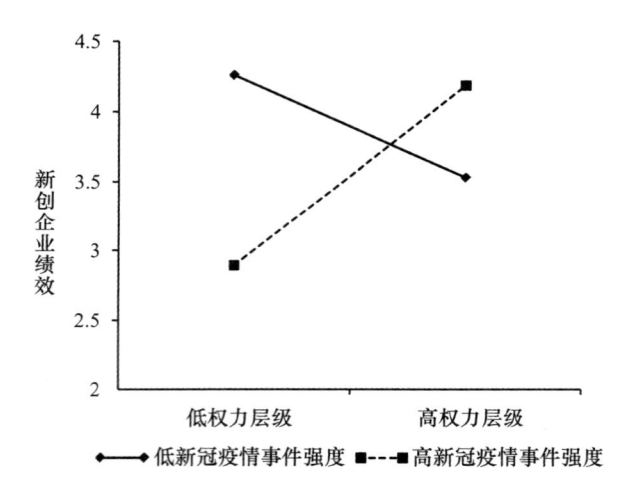

图 5.3 新冠疫情事件强度对创业团队权力层级与新创企业绩效的调节作用

假设 6。在假设 6 中，本研究提出新冠疫情事件强度调节了创业团队权力层级与探索式学习之间的关系。当新冠疫情事件强度低时，创业团队权力层级对探索式学习有消极影响；当新冠疫情事件强度高时，创业团队权力层级对探索式学习有积极影响。为了检验该假设，本研究首先在模型 9 中加入调节变量，然后在模型 10 中加入自变量权力层级和调节变量新冠疫情事件强度的交互项。从表 5.3 和图 5.2 中可以看出，权力层级和新冠疫情事件强度的交互项对于探索式学习具有显著的积极作用（模型 10，$b=0.27$，$p<0.01$）。从模型 10 到模型 9，R^2 的变化值为 0.08，说明创业团队权力层级和新冠

疫情事件强度的交互项可以解释 8% 的探索式学习变异。

表 5.3　　　　　　　　子研究二假设 6 和假设 9 检验结果

变量	探索式学习				利用式学习			
	模型 7	模型 8	模型 9	模型 10	模型 11	模型 12	模型 13	模型 14
控制变量								
团队规模	0.00	0.02	0.03	0.04	-0.03	-0.02	-0.01	0.00
平均任期	-0.06*	-0.06**	-0.05	-0.03	-0.03	-0.03	-0.02	-0.00
年龄多样性	-0.89	-1.02	-1.03	-1.46**	-0.12	-0.20	-0.22	-0.55
性别多样性	-0.16	-0.13	-0.13	-0.09	0.16	0.18	0.19	0.22
职能背景多样性	-0.26	-0.28	-0.30	-0.47	-0.25	-0.26	-0.29	-0.41
企业规模	0.14**	0.15**	0.14**	0.14**	0.07	0.08	0.06	0.07
主效应								
权力层级		0.13	0.12	-0.63**		0.08	0.08	-0.50**
新冠疫情事件强度			-0.13	-0.32***			-0.14*	-0.29***
调节效应								
权力层级 × 新冠疫情事件强度				0.27***				0.21**
R^2	0.11	0.14	0.16	0.24	0.04	0.05	0.10	0.16
ΔR^2		0.03	0.02	0.08		0.01	0.05	0.06

注：$N=86$ 个团队。* 表示 $p<0.10$；** 表示 $p<0.05$；*** 表示 $p<0.01$。表中显示的系数为非标准化的回归系数。

为了进一步解析这个显著的调节作用，本研究根据新冠疫情事件强度的高、低两个水平（即 ±1.5 倍标准差）在图 5.4 中绘制了这个显著的调节作用。简单效应分析表明，当新冠疫情事件强度较高时，创业团队权力层级对于探索式学习具有显著的积极作用（$b=0.34$，$p<0.05$）；当新冠疫情事件强度较低时，创业团队权力层级对于探索式学习的作用虽然消极但不显著（$b=-0.32$，无显著差

异)。因此,假设 6 部分得到支持。

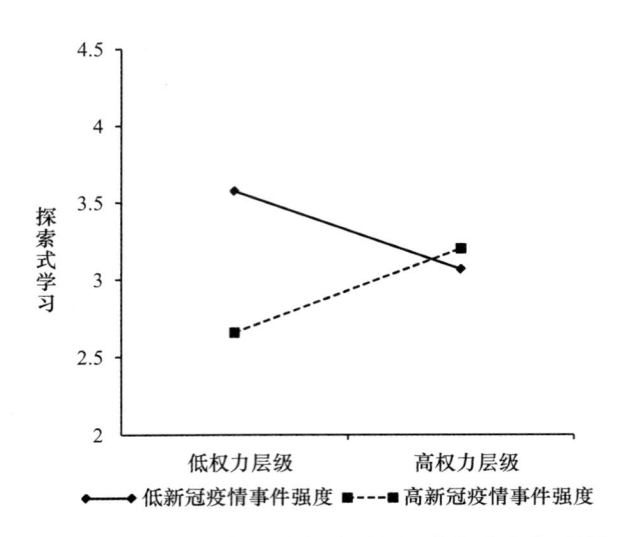

图 5.4　新冠疫情事件强度对创业团队权力层级与探索式学习的调节作用

假设 7。在假设 7 中,本研究提出探索式学习对新创企业绩效有积极影响。表 5.2 和图 5.2 的结果显示,探索式学习对于新创企业绩效具有显著的积极作用(模型 5,$b = 0.60$,$p < 0.01$)。从模型 5 到模型 1,R^2 的变化值为 0.12,说明探索式学习可以解释 12% 的新创企业绩效变异。在我们的样本中,新创企业绩效发生 12% 的变化代表营业收入平均约 10.8% 的变化。由此,假设 7 得到支持。

假设 8。在假设 8 中,本研究提出探索式学习在创业团队权力层级和新冠疫情事件强度的交互项与新创企业绩效的关系中起中介作用。为了验证该假设,本研究计算了其间接效应值并采用基于参数的 bootstrap 技术估计其 95% 的置信区间(Preacher & Selig,2012)。结果表明,创业团队权力层级和新冠疫情事件强度的交互项通过探索式学习对于新创企业绩效的间接效应值为 0.15,它的 95% 置信区间包含 0([-0.05,0.30])。因此,假设 8 没有得到支持。

假设 9。在假设 9 中,本研究提出新冠疫情事件强度调节了创业团队权力层级与利用式学习之间的关系。当新冠疫情事件强度低时,创业团队权力层级对利用式学习有消极影响；当新冠疫情事件强度高时，创业团队权力层级对利用式学习有积极影响。为了检验该假设，本研究首先在模型13中加入调节变量，然后在模型14中加入自变量权力层级和调节变量新冠疫情事件强度的交互项。从表5.3和图5.2中可以看出，权力层级和新冠疫情事件强度的交互项对于利用式学习具有显著的积极作用（模型14，$b = 0.21$，$p < 0.05$）。从模型14到模型13，R^2的变化值为0.06，说明创业团队权力层级和新冠疫情事件强度的交互项可以解释6%的利用式学习变异。

为了进一步解析这个显著的调节作用，本研究根据新冠疫情事件强度的高、低两个水平（即±1.5倍标准差）在图5.5中绘制了这个显著的调节作用。简单效应分析表明，当新冠疫情事件强度高时，创业团队权力层级对于利用式学习具有显著的积极作用（$b = 0.27$，$p < 0.05$）；当新冠疫情事件强度低时，创业团队权力层级对于利用式学习的作用虽然消极但不显著（$b = -0.27$，无显著差异）。因此，假设9部分得到支持。

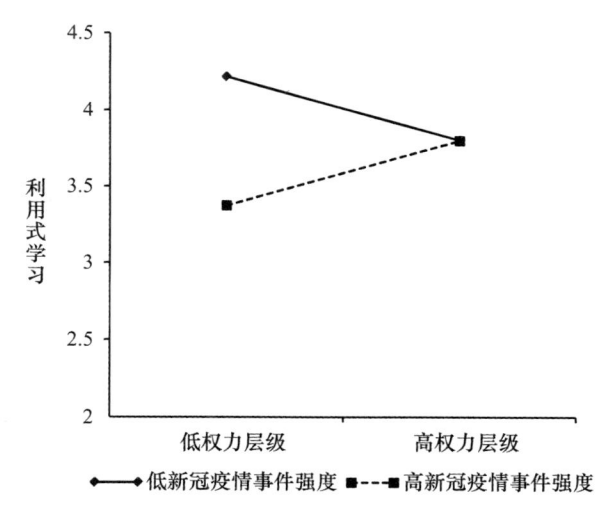

图5.5 新冠疫情事件强度对创业团队权力层级与利用式学习的调节作用

假设10。在假设10中，本研究提出利用式学习对新创企业绩效有积极影响。表5.2和图5.2的结果显示，利用式学习对于新创企业绩效具有显著的积极作用（模型6，$b=0.54$，$p<0.05$）。从模型6到模型1，R^2的变化值为0.07，说明利用式学习可以解释7%的新创企业绩效变异。在我们的样本中，新创企业绩效发生7%的变化代表营业收入平均约6.3%的变化。由此，假设10得到支持。

假设11。在假设11中，本研究提出利用式学习在创业团队权力层级和新冠疫情事件强度的交互项与新创企业绩效的关系中起中介作用。为了验证该假设，本研究计算了其间接效应值并采用基于参数的bootstrap技术估计其95%的置信区间（Preacher & Selig, 2012）。结果表明，创业团队权力层级和新冠疫情事件强度的交互项通过利用式学习对于新创企业绩效的间接效应值为0.09，它的95%置信区间包含0（[-0.05, 0.23]）。因此，假设11没有得到支持。

三 补充分析

在上文的假设检验中，本研究发现新冠疫情事件强度分别调节了创业团队权力层级与探索式学习和利用式学习之间的关系，且探索式学习和利用式学习均积极影响新创企业绩效。根据双元学习理论的相关文献（He & Wong, 2004），探索式学习和利用式学习是两种互不兼容的创新策略，两种活动可能会相互争夺企业有限的资源。为了进一步探究探索式学习、利用式学习以及二者之间的平衡对新创企业绩效的影响，我们根据王凤彬等（2012）提出的测量公式，以x代表探索式学习的水平，y代表利用式学习的水平，通过$1-|x-y|/(x+y)$计算得到平衡二元学习的水平。逐步将探索式学习、利用式学习与平衡二元学习代入回归方程，我们发现虽然探索式学习和利用式学习分别对新创企业绩效有积极影响，但是将二者同时代入回归方程时，利用式学习的积极效应不再显著（模型15，$b=0.20$，无显著差异）。进一步地，我们发现平衡二元学习对新创企业绩效有显著的消极影响（模型16，$b=-7.08$，$p<0.05$）。我们

的分析表明，对于新创企业而言，相比于利用式学习及两种学习的平衡，专注于探索式学习会对新创企业绩效带来显著的积极影响（见表5-4）。

表5.4　　　　　　　　　　子研究二补充分析

变量	新创企业绩效				
	模型1	模型5	模型6	模型15	模型16
控制变量					
团队规模	0.20**	0.21**	0.22**	0.21**	0.19**
平均任期	-0.06	-0.03	-0.03	-0.02	-0.02
年龄多样性	0.48	0.95	0.33	0.85	0.89
性别多样性	-0.50	-0.51	-0.50	-0.55	-0.24
职能背景多样性	-0.62	-0.48	-0.62	-0.45	-0.46
企业规模	0.25**	0.17	0.20*	0.17	0.16
主效应					
探索式学习		0.60***		0.51**	1.26***
利用式学习			0.54**	0.20	-0.36
平衡二元学习					-7.08**
R^2	0.16	0.28	0.23	0.28	0.32
ΔR^2		0.12	0.07	0.05	0.04

注：$N=86$ 个团队。* 表示 $p<0.01$；** 表示 $p<0.05$；*** 表示 $p<0.01$。表中显示的系数为非标准化的回归系数。

第五节　讨论与小结

一　主要研究发现

子研究二探讨了创业团队权力层级的权变作用通过何种过程机制影响新创企业绩效。基于结构权变理论、权力层级和组织学习相关文献，我们发展了一个创业团队权力层级与新创企业绩效关系的学习过程机制模型。以来自杭州的 86 家新创企业的 248 位创业团队成员的问卷调查数据为样本，采用轮转法及多来源设计来检验模型中的假设关系，我们发现新冠疫情事件强度调节了创业团队权力层级与探索式学习、利用式学习以及与新创企业绩效之间的关系，探索式学习和利用式学习均积极影响新创企业绩效，但是没有证实探索式学习和利用式学习在创业团队权力层级和新冠疫情事件强度的交互与新创企业绩效的关系中起中介作用。此外，在补充分析中，我们发现当同时考虑探索式学习与利用式学习的效应时，只有探索式学习会对新创企业产生积极影响，利用式学习的作用则不再显著。进一步地，我们发现探索式学习与利用式学习的平衡反而会对新创企业绩效产生显著的消极影响。

二 理论意义

基于上述发现，子研究二有以下几点理论意义。首先，我们打开了创业团队权力层级的权变作用与新创企业绩效关系之间的"黑箱"，揭示了探索式学习、利用式学习两种学习过程机制在其中发挥的作用。如前文所述，以往关于创业团队的研究大多从高阶梯队理论出发，直接把创业团队特征与新创企业后果相关联，而并未揭示这一因果关系之间的作用机制（Beckman，2006；Kroll et al.，2007；McGee et al.，1995）。然而，要获得更加具有理论和实践意义的研究结论以反哺创业管理实践，研究者们不应仅停留在探究创业团队特征与新创企业后果之间的直接效应，而要进一步通过 IMO 框架充分揭示这一效应中的潜在机制和情境因素（Klotz et al.，2014）。基于结构权变理论、权力层级和双元学习相关文献，本研究设计刻画并实际检验了创业团队权力层级的权变作用如何通过影响团队互动的双元学习过程作用于新创企业绩效，为创业团队研究领域从探索直接效应走向揭示过程机制提供了一定程度的证据支持。

其次，基于结构权变理论，本研究识别出了影响创业团队权力层级发挥效应的外部权变因素——新冠疫情事件强度。在子研究一的内部权变因素（职能背景同质性、共同团队经历与权力持有者创业经历）基础上，我们进一步深入探讨了影响创业团队权力层级发挥作用的外部权变因素。具体地，我们发现当新冠疫情事件强度高时，创业团队权力层级对探索式学习、利用式学习以及新创企业绩效有积极影响；当新冠疫情事件强度低时，创业团队权力层级对探索式学习、利用式学习以及新创企业绩效的影响均不显著。由于创业团队处于新创企业内外部交接的边界，会同时受到来自团队和组织内外部权变因素的影响，有效识别出外部权变因素（例如新冠疫情事件的权变作用）对于我们理解创业团队权力层级的权变作用提供了新的启示。

三 实践启示

除了对于当前文献有重要的理论贡献，子研究二的发现对于创业团队应该如何设计权力结构也有重要的实践启示。首先，本研究表明不同的创业团队权力结构适用于不同事件强度水平下的外部情境。具体而言，在平稳、可预测的环境中，平等的创业团队权力结构更有利于新创企业的学习和发展；相反，在外部事件的高度冲击下，充满不确定性的环境更需要创业团队采取集中式的权力结构，从而有效促进团队的探索式与利用式学习过程。自新冠疫情暴发以来，我们常常会看见某个城市或某个国家宣布"进入战时状态"，这是应急管理的重要举措之一。习近平总书记在新冠疫情暴发后曾多次提到要运用"平战结合"理念，同样地，创业团队在设计权力结构时应考虑外部突发性事件的影响，分别设计适用于"平时"与"战时"的不同权力分配方案。

其次，本研究在补充分析中对比了探索式学习与利用式学习对新创企业的不同影响。我们发现，当探索式学习与利用式学习分别预测新创企业绩效时，二者均会产生显著的积极影响。然而，当同时考虑探索式学习与利用式学习的效应时，只有探索式学习会对新创企业产生积极影响，利用式学习的作用则不再显著。进一步地，我们发现探索式学习与利用式学习的平衡反而会对新创企业绩效产生显著的消极影响。这一发现印证了关于双元学习理论中探索式学习与利用式学习活动存在相互争夺企业资源的结论。我们的分析表明，对于新创企业而言，相比于利用式学习及两种学习的平衡，专注于探索式学习会对新创企业绩效带来显著的积极影响。

四　局限与展望

除了上述理论和实践贡献，本研究也存在若干局限，有待未来研究的进一步探索。第一，尽管本研究采用了不同源的设计，但是我们所有的变量测量均在同一时间点进行，这一截面设计会影响本研究结论的稳健性。我们建议未来研究可以考虑多轮纵向问卷、访谈或实验的方法，从而更好地研究创业团队权力层级与新创企业绩效之间的因果关系。此外，正如我们在上文提及的，本研究没有证实探索式学习和利用式学习在创业团队权力层级和新冠疫情事件强度的交互与新创企业绩效的关系中起中介作用。未来的研究可以在不同样本和情境中检验创业团队权力层级与新创企业绩效的关系的过程机制。

第二，本研究以结构权变理论和主流的权力层级文献为基础，假设层级结构呈金字塔形，有价值的资源集中在一名或几名成员手中。但是，最新研究已经发现了其他权力层级构型（Wellman et al.，2020；Yu et al.，2019）。Wellman et al.（2020）指出，某些团队的权力层级呈倒金字塔形，大多数成员拥有较高或中等权力，而只有少数成员拥有较低的权力。此外，他们发现，在不同的任务权变因素下，金字塔形和倒金字塔形的权力层级对团队成员的观点采择动机具有截然相反的作用，从而对团队绩效产生不同的影响。今后的研究应探讨多种创业团队权力层级构型对新创企业绩效的不同影响。

第三，本研究没有考虑到创业团队权力的分配过程。根据权力层级相关文献，团队中的权力分布是正当合理的，即权力层级的合法性，会对权力层级的效应产生显著的影响（Halevy et al.，2011）。当权力层级合法性高时，权力层级可以促进团队协调；相反，当权力层级合法性低时，权力层级则会引发团队内部的权力争夺。Wasserman（2017）指出风险投资人通常会详细询问创业团队分配股权的过程，试图了解其中的细节，比如是如何分配的，有哪些考虑因素。如果平均分配，是为了避免纠纷，还是因为大家综合能力相当等。著名投资人丛真（2015）提到，"创业团队成员一开始要沟通充分，根据每个人在团队中的位置、贡献和地位分配股权，不要不好意思，会为以后埋下隐患"。今后的研究在检验权力层级对创业团队和新创企业的影响时应考虑权力层级的分配过程及合法性。

此外，由于本研究关注创业团队权力层级在新冠疫情事件强度的不同水平下对新创企业绩效带来的不同影响，还应控制企业的数字化水平和主营产品或服务类型等可能对研究结论产生干扰的因素。例如，企业的数字化水平可能会决定企业在疫情防控期间面临员工人数减少时是否正常开工，产品或服务类型是不是疫情急需会影响企业在受到疫情冲击后的绩效变化。未来研究应对企业数字化水平、主营产品或服务类型等相关的干扰因素加以控制，进一步检验本研究结论的稳健性。

第 六 章

创业团队权力层级构型与新创企业绩效关系的战略决策机制研究

第一节 问题提出：创业团队权力层级构型如何影响新创企业绩效？

在子研究一和子研究二中，我们关注了创业团队权力层级的强度如何影响新创企业绩效。与以往主流的权力层级研究一致，我们在前文中的探讨均默认创业团队权力结构的形状是一个金字塔形，其中有价值的资源集中在一个或少数几个成员身上。当一个成员拥有最高权力，而其他成员拥有最低权力时，就会出现最高水平的金字塔形层级结构（Bunderson et al., 2016）。但是，最新的权力层级研究已经发现团队中可能存在其他的权力层级构型（Wellman et al., 2020; Yu et al., 2019），并且不同的权力层级构型可能会为团队互动过程和结果带来截然不同的影响。基于此，在子研究一和子研究二关于层级强度的探索之上，子研究三进一步考察了不同的创业团队权力层级构型如何通过影响新创企业战略决策进而影响新创企业绩效。

渴望成为"一把手"或者获得权力来掌控局面是创业者们最重

要的创业动机之一（Jayawarna et al.，2013）。权力是对有价值的社会资源非对称的掌控（Anderson & Brion，2014；Emerson，1962；Magee & Galinsky，2008），研究表明对权力的渴望会促使个体创业者产生卓越的创新绩效（Nisula et al.，2017）。然而，由于绝大多数新创企业是由团队而非个体创业者创立的（Klotz et al.，2014），了解创业团队应该如何设计权力结构以追求最佳的新创企业绩效显得至关重要。

实际上，尽管以往研究发现权力对个体创业者有积极的作用，来自创业领域的实践证据却表明创业团队中同时存在多个高权力成员对创业团队运行和新创企业发展的弊大于利。例如，1985年5月，苹果公司的时任首席执行官John Sculley向董事会提出让自己替代Steve Jobs来负责新产品开发。长时间以来，Sculley和Jobs对苹果公司的资源投放存在激烈的分歧。Jobs想投入更多资源在新一代的麦金塔电脑（Macintosh）上，而Sculley想继续将资源投放在相对传统但已取得成功的第二代苹果电脑（Apple Ⅱ）上。两位高权力管理者之间的冲突对苹果公司研发创新的不利影响持续了很多年，也导致了Jobs阶段性离开苹果公司。无独有偶，类似的情况也曾发生在特斯拉。2006年，两位创始人Musk和Eberhard对第一款车型的研发问题产生了分歧，且矛盾日益凸显。例如，Musk对车的外形提出了许多苛刻的要求，比如车身材料要够炫，因此建议采用当时更流行的碳纤维。而Eberhard出于成本的考虑，更倾向于采用传统的玻璃纤维。此外，两人对变速箱的不同看法也进一步加剧了矛盾的升级。两位高权力核心创始人之间的激烈冲突使得新产品研发一度陷入困境，令特斯拉举步维艰。

上述两个例子表明创业团队存在多位高权力成员会使得整个团队难以达成统一意见，尤其是对于充满高度不确定和高风险的决策，例如研发投资决策。研发投资决策涉及战略资源分配，因此需要创业团队成员的深入沟通。已有研究表明创业团队的权力结构在此过程中发挥着关键的作用。例如，Snihur和Zott（2020）发现只有一位权力持有者的集中式创业团队权力结构更可能使团队成员在新创企业的创新决策上达成共识。然而，如前所述，尚未有研究关注创业团队权力层级构型对于集体决策过程和新创企业绩效的影响。

基于结构权变理论（Burns & Stalker, 1961；Donaldson, 2001）和权力层级的相关文献（Anderson & Brown, 2010；Greer et al., 2018；Magee & Galinsky, 2008），本研究检验了创业团队权力层级构型对研发投资决策及新创企业绩效的影响，以及层级稳定性和组织冗余的权变作用。具体地，我们比较了金字塔形与倒金字塔形两种构型的权力层级对创业团队及新创企业的影响。正偏的权力层级表现为金字塔形，由小部分高权力成员和大部分低权力成员组成。而负偏的权力层级表现为倒金字塔形，包括大多数高权力成员和少数低权力成员。本研究的目的是探究创业团队权力构型如何通过影响研发投资决策进而影响新创企业绩效。

根据层级功能主义视角，正偏的权力层级（包括一个或少数高权力成员和许多低权力成员）能够降低感知到的不确定性，明确成员的角色和责任，建立秩序，并有助于解决团队成员之间的争议（He & Huang, 2011；De Kwaadsteniet & Van Dijk, 2010；Friesen, Kay et al., 2014；Tiedens et al., 2007）。我们提出创业团队权力层级偏度会积极影响研发投资决策进而影响新创企业绩效。此外，层级稳定性和组织冗余会削弱此积极效应。层级稳定性是指团队成员在权力层级中的位置发生变化的可能性（Greer et al., 2018；Hays & Benderski, 2015），组织冗余是指可用来实现公司目标的潜在的可利用的资源（George, 2005）。我们关注层级稳定性和组织冗余作为创业团队权力层级偏度效应的两个边界条件是因为它们都捕捉到了创业团队成员感知到的不确定性及协调需求。当创业团队权力层级高度不稳定或组织冗余低时，创业团队成员间的潜在冲突不但会增多，而且他们感知到的不确定性也会增强。在这些情况下，金字塔形创业团队权力层级对研发投资决策的积极效应会增强，因为金字塔形权力层级有效地促进了集体决策过程中的协调和争议解决。

我们选取了深圳证券交易所创业板上市的 363 家新创企业，截取了横跨 9 年的面板数据，共计 1277 个观测值，以检验本研究提出的假设。本研究主要做出了以下三个方面的贡献。第一，我们在探索权力层级强度效应的基础之上，比较了不同的创业团队权力层级构型（金字塔形与倒金字塔形）对战略决策及新创企业绩效的影响，推动了权力层级相关文献的发展。第二，我们发现了层级稳定性和组织冗余对创业团队权力层级构型与研发投资决策关系的权变作用。第三，我们识别出了研发投资决策这一战略决策机制在创业团队权力层级构型与新创企业绩效关系之间的中介作用。图 6.1 呈现了子研究三创业团队权力层级构型与新创企业绩效关系的战略决策机制概念模型。我们将在接下来的小节中，详细论述假设关系的理论逻辑。

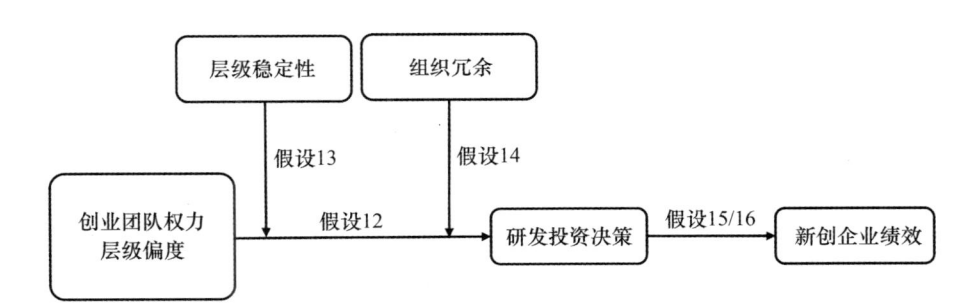

图 6.1　子研究三创业团队权力层级构型与新创企业绩效关系的战略决策机制概念模型

第二节　理论基础和假设提出

以往研究比较了创业团队平等和不平等的权力结构之间的差异（Breugst et al.，2015；Hellmann & Wasserman，2017）。然而，值得注意的是，他们没有明确权力层级的具体构型。权力层级广义上被定义为"成员之间对有价值资源的控制在垂直维度上的差异"（Magee & Galinsky，2008；Hays & Bendersky，2015）。权力层级的主流研究认为，层级结构的形状是一个集中的金字塔，有价值的资源集中在一个或少数几个成员身上。当一个成员拥有最高权力，而其他成员拥有最低权力时，就会出现最高水平的金字塔形层级结构（Bunderson et al.，2016）。

近期，研究者发现除金字塔形外其他的权力层级构型（Wellman et al.，2020；Yu et al.，2019）。例如，Wellman 等（2020）将团队层级中的位置按照正式权力等级分为高、中、低三种水平，每一种水平的人数可能多或者少，一共生成八种可能的层级形状。删除两种内在解释机制重复的层级形状，作者们最终总结出了六种典型的层级形状（见表6.1）。一是金字塔形，团队中的少数个体拥有高度的权力，大多数个体拥有中等或低水平的权力，例如传统的工作团队通常由个别领导者和众多下属构成。二是无领导团队，所有团队成员拥有相同水平的权力，例如自管理团队。三是沙漏形，团队中一半的成员拥有高水平的权力，另一半成员拥有极低水平的权力，几乎没有成员处于中间地带，例如通常由资深外科医生和低层级医护人员构成的手术室团队（Sexton et al.，2000）。四是长方形，也被称作梯子形（Yu et al.，2019），指占据每种层级水平的成员数量相等，即团队成员在不同水平的层级之间均匀分布，例如由同等比例的资深教授、青年教师和博士生组成的科研团队。五是菱形，大多数团队成员拥有中等水平的权力，只有个别成员拥有高或低水平的权力，例如某些由一两个管理者、众多护士和个别护工组成的临床护理团队（Duffield et al.，2007）。六是倒金字塔形，团队中的大多数成员都拥有高或中等水平的权力，只有少数成员拥有低水平的权力，Kaufmann 和 Seidman（1970）发现管理咨询或支持型团队通常呈倒金字塔形层级结构。

表 6.1　　　　　　　　　　团队权力层级构型说明

权力层级构型	图示	描述	举例
金字塔形	△	团队中的少数个体拥有高水平的权力，大多数个体拥有中等或低水平的权力。	传统工作团队
无领导团队	▭	所有团队成员拥有相同水平的权力。	自管理团队
沙漏形	⋈	团队中一半的成员拥有高水平的权力，另一半成员拥有极低水平的权力。	手术室团队
长方形	▯	团队成员在不同水平的层级之间均匀分布。	科研团队
菱形	◇	大多数团队成员拥有中等水平的权力，只有个别成员拥有高或低水平的权力。	临床护理团队
倒金字塔形	▽	团队中的大多数成员都拥有高或中等水平的权力，只有少数成员拥有低水平的权力。	管理咨询或支持型团队

资料来源：Wellman et al. (2020)。

Wellman et al. (2020) 的研究发现，在以上六种可能的团队权力层级构型中，金字塔形与倒金字塔形最为普遍。并且，他们发现金字塔形和倒金字塔形的权力层级对特定的团队过程和结果有截然相反的影响。基于此，本研究聚焦于比较金字塔形和倒金字塔形的权力层级对创业团队集体决策及新创企业绩效的影响。团队中高权力成员与低权力成员的比例可以用权力层级偏度的概念来体现（Bunderson & Van der Vegt, 2018；Wellman et al., 2020）。当团队中低权力成员多于高权力成员时，权力层级偏度为正，权力结构表现为金字塔形；反之，当团队中高权力成员多于低权力成员时，权力层级偏度为负，权力结构表现为倒金字塔形。当创业团队由一位核心创始人和几位支持型成员组成时，权力层级呈现正偏的金字塔形，当创业团队由多位核心创始人和相对较少的支持型成员组成时，权力层级则呈现负偏的倒金字塔形（见表 6.2）。

表 6.2　　　　　　　子研究三创业团队权力层级构型说明

权力分布		权力层级构型	创业团队中的例子
正偏	团队成员／权力（曲线图）	金字塔形（三角形）	少数成员拥有高权力，绝大多数成员拥有低权力。例如一位核心创业者和几位支持型创业团队成员。
负偏	团队成员／权力（曲线图）	倒金字塔形（倒三角形）	绝大多数成员拥有高权力，少数成员拥有低权力。例如许多核心创始人与少数支持型创业团队成员。

一　创业团队权力层级构型和新创企业研发投资决策

研发投资，尤其对于高新技术企业而言，是产品创新和长期发展的必要条件（Block，2012；Kor，2006）。然而，不同于其他类型的投资，研发投资的回报是高度不确定和耗时的（Scherer，1998；Scherer & Harhoff，2000）。因此，研发投资需要管理者有承担风险的态度和坚定的长远眼光（Block，2012）。根据高阶梯队理论视角（Hambrick，1995）和创业团队相关文献，新创企业的研发投资行为是创业团队集体决策的结果（Hambrick & Mason，1984；Klotz et al.，2014）。

虽然缺乏直接的探讨，但以往研究已有证据表明，创业团队对研发投资的集体决策会受到创业团队成员之间权力构型的影响。例如，Foo et al.（2006）发现在高度动荡和不确定的创业环境中，有明确权力持有者的创业团队更能将行动聚焦于统一的方向上，而有多个高权力成员的创业团队则可能会发生权力争夺，带领团队向不同的方向发展。此外，Greve 和 Mitsuhashi（2007）发现集权的高管团队更可能做出冒险的战略决策，因为这是少数高权力者的偏好而不是所有高管的广泛共识（Hambrick & Finkelstein，1987）。在一项历时 7 年的多案例纵向访谈研究中，Snihur 和 Zott（2020）发现，拥有单一权力持有者的集中的权力结构更有可能使创业团队在新创企业的创新决策上达成共识。相比之下，如果每个创业团队成员都拥有较高的权力，则会在很大程度上降低新创企业创新的可能性，因为大家往往很难就未经证实的提议达成一致。

根据权力层级的功能主义视角，集中的权力结构提供了一种社会治理机制，可以减少不确定性和解决争议（Hogg，2001；Greer et al.，2018）。当创业团队中存在一个明确的权力持有者时，可以有效调和不同成员之间冲突的意见。因此，有明确权力持有者的正偏金字塔形权力层级可以减少创业团队成员感知到的不确定性并促进集体决策过程中的协调，从而积极影响研发投资决策。相反，有多位权力持有者共存的负偏倒金字塔形权力层级会延缓创业团队集体决策过程，带领团队向多个方向发展（Foo et al.，2006），从而消极影响研发投资决策。综上所述，本研究提出如下假设：

假设12：创业团队权力层级偏度对新创企业研发投资决策有积极影响。

二 层级稳定性的调节作用

层级稳定性是指团队成员在权力层级的位置发生变化的可能性（Greer et al.，2018；Hays & Bendersky，2015）。虽然大多数研究关注静态的权力层级（Magee & Galinsky，2008），但在复杂动荡的创业环境中，创业团队的权力层级是高度易变的，"团队成员都在努力寻找自己的角色"（Foo et al.，2006；Greer et al.，2018）。例如，核心创业团队成员的人事变动或权力更替（例如，上述苹果公司的例子）会降低创业团队权力层级的稳定性。相比于稳定的层级，以往研究发现，在高度易变的权力层级中，成员会经历更多的竞争以提升或维持他们在层级中的位置（Hays & Bendersky，2015）。而且，高度易变权力层级中的创业团队成员无疑会在达成共识上有更多冲突和麻烦（Greer et al.，2017；Greer et al.，2018），可能会消极影响关于研发投资的集体决策。因此我们提出，当权力层级是易变的而不是稳定的时，创业团队权力层级偏度对研发投资决策的积极效应会得到增强。

具体而言，当层级稳定性低时，创业团队中的相对等级是动态变化的。在这种情况下，一个有明确权力持有者的正偏而非负偏的权力层级会减少创业团队成员感知到的不确定性，有利于集体决策过程中的协调，从而促进研发投资决策。因此，创业团队权力层级偏度与研发投资决策的积极关系会在此高度易变的权力层级中得到加强。相反，与易变的层级结构相比，稳定层级中团队成员的协调和减少不确定性的需求相对减轻，创业团队权力层级偏度对新创企业研发投资决策的积极影响得到削弱。因此，本研究提出如下假设：

假设13：层级稳定性调节了创业团队权力层级偏度与新创企业研发投资决策之间的积极影响。当层级稳定性低时，上述积极影响更强烈。

三 组织冗余的调节作用

组织冗余是指可用来实现公司目标的潜在的可利用的资源（George，2005）。组织冗余是新创企业创新情境下的重要边界条件，因为组织冗余使得创业团队成员即使在不确定条件下也有机会参与探索（Bourgeois，1981；Greve，2003；Nohria & Gulati，1996）。相较于高水平的组织冗余，处于低水平组织冗余的创业团队成员在资源分配上会感到更多的不确定性和争议（Greer et al.，2017）。因此我们提出，随着组织冗余的降低，创业团队权力层级偏度对研发投资决策的积极作用会得到增强。

具体而言，当组织冗余低时，创业团队更有可能对研发的未来方向持不同意见，尤其在对新创企业低迷的原因存在很大的不确定性时。在这种情况下，有明确权力持有者的正偏金字塔形权力层级可能减少创业团队成员感知到的不确定性，并在集体决策时提供明确的资源分配方案（Frenkel-Brunswik，1949；Neuberg & Newsom，1993），从而促进研发投资决策。因此，创业团队的权力层级偏度与研发投资决策的积极关系得到增强。相反，当组织冗余高时，新创企业的丰富资源可以实现多个权力持有者在不同研发方向的想法，从而使创业团队成员的协调和减少不确定性的需求相对减轻。因此，本研究提出如下假设：

假设14：组织冗余调节了创业团队权力层级偏度与新创企业研发投资决策之间的积极影响。当组织冗余低时，上述积极影响更强烈。

四 研发投资决策的中介作用

以往研究表明，研发投资是新创企业产品创新和长期发展的必要条件（Block，2012；Kor，2006）。因此，研发投资决策反映了一个企业对创新战略的重视程度（Branch，1974；Hill & Snell，1988）。研发过程具有周期性长、不确定性高的特点（Kor，2006），早期对研发的投入通常会转换为新创企业长期的吸收能力（Cohen & Levinthal，1990；Lieberman，1989）。相反，如果研发投资不足，新创企业则会在长远发展中失去核心竞争优势（Dierickx & Cool，1989）。因此，本研究提出如下假设：

假设15：研发投资决策对新创企业绩效有积极影响。

本研究在假设12中提出创业团队权力层级偏度对研发投资决策有积极影响，并且在假设15中提出研发投资决策对新创企业绩效有积极影响。实际上，本研究刻画了一个创业团队权力层级偏度通过研发投资决策这一战略决策机制作用于新创企业绩效的过程。因此，本研究提出如下假设：

假设16：研发投资决策在创业团队权力层级偏度与新创企业绩效的关系中起中介作用。

第三节　研究方法

一　数据和样本

我们采用了深圳证券交易所创业板上市的新创企业的二手数据。

创业板是我国自 2009 年以来面向高新科技企业的融资平台，相对于主板市场和中小板市场，创业板对申请公司的准入门槛相对较低，对研发和技术创新相关信息披露的审查要求更加严格。因此，创业板为学者们获得有关中国新创企业研发活动的客观信息提供了宝贵的机会（Yang et al.，2019）。

我们关注创业板成立以来的所有上市公司，并按照以下标准对样本进行筛选。第一，根据以往研究对新创企业的定义，观测时企业的年龄不得超过 10 年（Ferguson et al.，2016；Fernhaber & Li，2013）。第二，为了获得权力层级数据，每个公司的创业团队应至少有两名成员（Breugst et al.，2015）。我们在每家新创企业的年度报告中将正式披露的高级管理人员认定为其创业团队成员（Klotz et al.，2014）。第三，我们对被解释变量采用了一年的滞后度量，并删除了数据缺失的样本。我们的最终样本包含了 363 家企业的非平衡面板数据，横跨 9 年（2010—2018 年），共计 1277 家公司—年份观测值。这些新创企业上市的时间各不相同：1 家企业上市 1 年，43 家上市 2 年，44 家上市 3 年，76 家上市 4 年，64 家上市 5 年，127 家上市 6 年，310 家上市 7 年，477 家上市 8 年，135 家上市 9 年。最终样本企业的平均年龄为 7.26 年（标准差 = 2.44），符合新创企业的标准（Fernhaber & Li，2013）。有关公司财务和创业团队成员个人信息的数据来自国泰安信息技术有限公司（www.gtarsc.com）维护的 CSMAR 数据库，该数据库在以往的公司治理和战略研究中已被广泛使用（Zhang & Qu，2016；Zhang et al.，2020）。

二 变量测量方式

新创企业绩效。与以往的研究一致，我们采用 $t+1$ 到 $t+2$ 的年度销售额增长率来衡量新创企业绩效（Murphy et al.，1996）。

研发投资决策。与以往研究一致（Chen & Miller，2007；Cohen & Levinthal，1990），我们采用 $t+1$ 年的研发支出与销售额之比来衡量新创企业的研发投资决策。为了检验测量的稳健性，我们采用研发支出与总资产的比率作为研发投资决策的另一种测量方法（Kor, 2006；Paik & Woo, 2017），并得到了一致的结论。我们将在后文的稳健性检验部分中详细说明。

权力层级偏度。与以往研究一致（例如，Cannella & Shen, 2001；Zajac & Westphal, 1996），我们用四个标准化维度的总和来衡量创业团队成员的权力：（1）创业团队成员是不是董事会成员，如果是，则编码为1，否则编码为0；（2）创业团队中职级低于该成员的人数百分比；（3）创业团队成员的持股比例；（4）创业团队成员的薪酬。与Wellman et al.（2020）一致，我们计算创业团队成员权力水平的偏度来测量权力层级偏度。

层级稳定性。本研究参考Hays和Bendersky（2015）以及Greer et al.（2018）的方法衡量层级稳定性（例如，人们在层级中的相对位置可以被改变）。如果任何创业团队成员的相对权力等级与他/她上一年的等级相比发生了变化，我们将层级稳定性编码为0，如果没有人在创业团队中的相对权力等级发生变化，则编码为1。

组织冗余。与之前的研究一致，我们使用营运资本与销售比率和流动比率（流动资产与流动负债的比率）来衡量组织冗余（Bourgeois, 1981；Chen & Miller 2007；Lim & McCann, 2014；Singh, 1986）。我们首先对这两个变量进行标准化处理，然后加总生成综合的组织冗余指数进行分析。

控制变量。我们控制了一系列可能对本研究结论造成干扰的变量。我们控制了行业研发密集度，即新创企业所处行业研发投资的中位数（Chen, 2008）。在企业层面，我们控制了企业年龄，即企业从成立之年到观察年的时间跨度（He & Huang, 2011）；也控制了企业规模，用总资产的对数来衡量（Li, Zhou & Zajac, 2009）。在创业团队层面，我们控制了创业团队的规模、平均权力和年龄与性别多样性，因为它们可能会影响创业团队的互动和新创企业绩效（Jin et al., 2017；He & Huang, 2011）。其次，和子研究一、子研究二一致，我们使用变异系数表示年龄多样性，用Blau（1977）指数表示性别多样性。我们还控制了总经理的年龄和性别，以往研究表示它们会影响新创企业的研发投资决策（Blagoeva et al., 2020）。最后，与以往使用面板数据的研究一样，我们加入了年份哑变量来控制时间效应（Sieweke & Zhao, 2015; Li et al., 2012）。

三 分析策略

在我们的面板数据结构中，一个企业可能会拥有多个年份的观测值，而这些观测值相互之间并不独立。为了解决与一个企业相关的多个观测值之间缺乏独立性的问题，我们使用固定效应模型来检验我们的假设，原因如下。基于 Hausman（1978）对回归的规范检验，我们发现固定效应模型比随机效应模型更适合检验我们的假设（假设1：$\lambda^2 = 24.17$，$p < 0.01$；假设2：$\lambda^2 = 26.00$，$p < 0.05$；假设3：$\lambda^2 = 39.58$，$p < 0.001$）。因此，我们的分析使用 Stata 中的 xtreg 函数和固定效应选项（fe）进行估计。最后，我们用聚类稳健的标准误来校正非独立性（Hoechle, 2007）。按照交互效应检验的原则（Baron & Kenny, 1986），我们将控制变量、自变量和双重交互项逐步放入回归方程。

第四节 研究结果

一 描述性统计和相关分析

表6.3列出了我们在研究中使用的变量（年份哑变量除外）的描述性统计数据和相关性。所有解释变量的方差膨胀系数均低于5（均值＝1.09），说明数据不会受到多重共线性问题的影响（Hair et al., 2006）。此外，从图6.2中可以看出，权力层级偏度在创业团队样本中服从正态分布，印证了金字塔形与倒金字塔形权力层级在创业团队中普遍存在这一前提假定。

表 6.3　子研究三变量的均值、标准差和相关系数

变量	均值	标准差	1	2	3	4	5	6	7	8	9	10	11	12	13
1. 权力层级偏度	0.35	0.77													
2. 层级稳定性	0.57	0.50	0.00												
3. 组织冗余	0.58	2.34	0.09***	0.11***											
4. 行业研发密集度	0.03	0.48	−0.06**	0.01	0.19***										
5. 企业年龄	7.26	2.44	−0.10***	−0.09***	−0.11***	−0.01									
6. 企业规模	20.95	0.80	−0.04	−0.29***	−0.20***	−0.16***	0.12***								
7. 团队规模	6.52	2.09	0.02	−0.31***	−0.05*	−0.04	0.26***	0.19***							
8. 平均权力	12.22	1.02	0.15***	0.02	0.02	0.06**	0.24***	0.26***	−0.14***						
9. 性别多样性	0.23	0.18	0.08***	−0.06**	0.00	−0.03	−0.10***	−0.09***	0.02	−0.07**					
10. 年龄多样性	0.13	0.05	0.02	−0.02	0.00	−0.09***	0.02	−0.02	0.10***	−0.15***	0.17***				
11. 总经理年龄	47.50	6.12	−0.01	−0.10***	−0.09***	−0.06**	0.11***	0.07**	0.06**	0.02	0.02	0.22***			
12. 总经理性别	0.94	0.24	−0.04	−0.00	−0.03	0.01	0.01	0.04	0.09***	0.11***	−0.24***	−0.05*	0.04		
13. 研发投资决策	0.08	0.08	−0.01	0.02	0.46***	0.34***	−0.11***	−0.29***	−0.03	0.13***	0.04	−0.05	−0.10***	0.02	
14. 新创企业绩效	0.01	0.02	−0.04	−0.00	0.04	0.05*	−0.01	−0.13***	−0.03	−0.04	−0.02	−0.02	−0.09***	0.01	0.06*

注：$N=1277$ 个观测值。* 表示 $p<0.10$；** 表示 $p<0.05$；*** 表示 $p<0.01$。年份哑变量不包括在相关矩阵中。

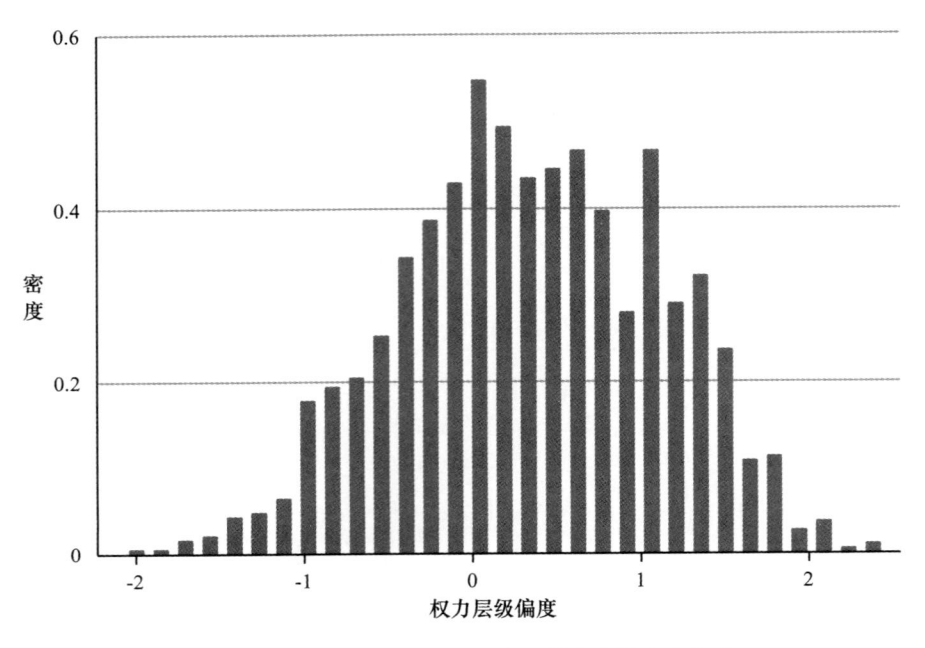

图 6.2 权力层级偏度在子研究三样本中的分布情况

二 研究假设检验结果

假设 12。新创企业研发投资决策的回归结果见表 6.4。在假设 12 中，本研究提出创业团队权力层级偏度对新创企业研发投资决策有积极影响。由模型 6 可知，创业团队权力层级偏度对研发投资决策有显著的积极作用（$b=0.01$，$p<0.05$）。从模型 6 到模型 5，R^2 的变化值为 0.004，说明创业团队权力层级偏度可以解释 0.4% 的研发投资决策变异。在我们的样本中，研发投资决策发生 0.4% 的变化代表研发金额平均约 375 万元的变化。因此，假设 12 得到支持。

表6.4　　　　　子研究三假设12、假设13和假设14检验结果

变量	新创企业研发投资决策						
	模型5	模型6	模型7	模型8	模型9	模型10	模型11
控制变量							
行业研发密集度	-0.33	-0.33	-0.33	-0.34	-0.35	-0.36	-0.37
企业年龄	0.00	0.00	0.00	0.00	0.00*	0.00**	0.00**
企业规模	0.00	0.00	0.00	0.00	-0.00	-0.01	-0.01
团队规模	0.00	0.00	0.00	0.00	0.00	0.00	0.00
平均权力	0.00	0.00	0.00	0.00	0.00	0.00	0.00
性别多样性	-0.03*	-0.03*	-0.03*	-0.04**	-0.02	-0.03	-0.03
年龄多样性	0.08	0.08	0.08	0.07	0.09*	0.08	0.08
总经理年龄	0.00	0.00	0.00	0.00	0.00	-0.00	-0.00
总经理性别	-0.06*	-0.06**	-0.06**	-0.06**	-0.05*	-0.05*	-0.05*
主效应							
权力层级偏度		0.01**	0.01**	0.00	0.01**	0.01***	0.00
层级稳定性			0.00	0.01			0.00
组织冗余					0.55**	0.21	0.55**
调节效应							
权力层级偏度×层级稳定性				-0.01**			-0.01*
权力层级偏度×组织冗余						-0.01**	-0.00**
R^2	0.074	0.078	0.078	0.088	0.137	0.158	0.164
ΔR^2		0.004	0.000	0.010	0.059	0.020	0.006

注：$N = 1277$ 个观测值。* 表示 $p<0.10$；** 表示 $p<0.05$；*** 表示 $p<0.01$。表中显示的系数为非标准化的回归系数，年份哑变量已控制。

假设13。在假设13中，本研究提出层级稳定性会调节创业团队权力层级偏度对研发投资决策的积极影响，当层级稳定性低时，这种影响会更强烈。如模型8所示，创业团队权力层级偏度与层级稳定性的交互项系数消极显著（$b = -0.01$，$p<0.05$）。从模型8到模

型 7 的 R^2 值变化为 0.010，说明创业团队权力层级偏度和层级稳定性的交互项可以解释新创企业研发投资决策 1% 的方差，代表研发投资平均约 937 万元的变化。为了进一步解析这个显著的调节作用，本研究按照 Cohen et al.（2013）的建议根据层级稳定性的高、低两个水平（即 ±1 倍标准差）在图 6.3 中绘制了这个显著的调节作用。简单效应分析表明，对于层级稳定性水平低的创业团队，创业团队权力层级偏度与研发投资决策呈积极显著（$b = 0.009$，$p < 0.01$）；而对于层级稳定性水平高的创业团队，创业团队权力层级偏度与研发投资决策的关系不显著（$b = -0.002$，无显著差异）。因此，假设 13 得到支持。

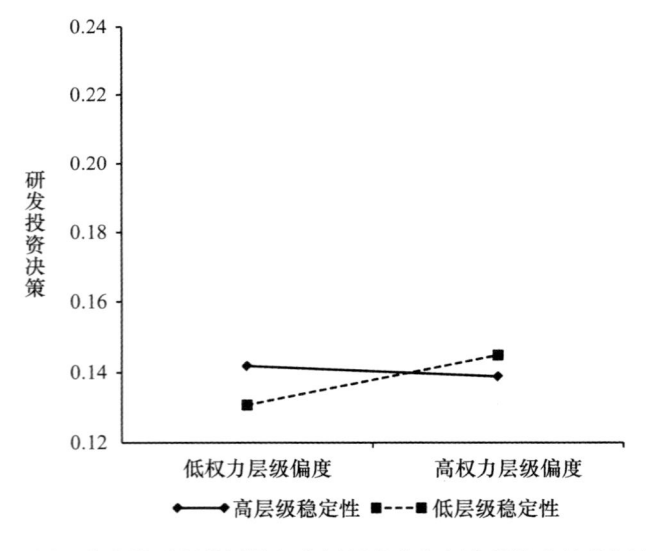

图 6.3　层级稳定性对创业团队权力层级偏度与研发投资决策的调节作用

假设 14。在假设 14 中，本研究提出组织冗余会调节创业团队权力层级偏度对新创企业研发投资决策的积极影响，当组织冗余低时，这种影响会更强烈。如模型 10 所示，创业团队权力层级偏度与组织冗余的交互项系数消极显著（$b = -0.01$，$p < 0.05$）。从模型 10 到模型 9，R^2 值的变化为 0.021，说明创业团队权力层级

第六章 创业团队权力层级构型与新创企业绩效关系的战略决策机制研究 135

偏度和组织冗余的交互项解释了研发投资决策 2.1% 的方差，代表研发投资平均约 1968 万元的变化。为了进一步解析这个显著的调节作用，本研究按照 Cohen et al. (2013) 的建议根据组织冗余的高、低两个水平（即 ±1 倍标准差）在图 6.4 中绘制了这个显著的调节作用。简单效应分析表明，对于组织冗余低的创业团队，创业团队权力层级偏度与研发投资决策呈积极显著（$b = 0.017$，$p < 0.01$），而对于组织冗余高的创业团队，创业团队权力层级偏度与研发投资决策的关系不显著（$b = -0.006$，无显著差异）。因此，假设 14 得到支持。

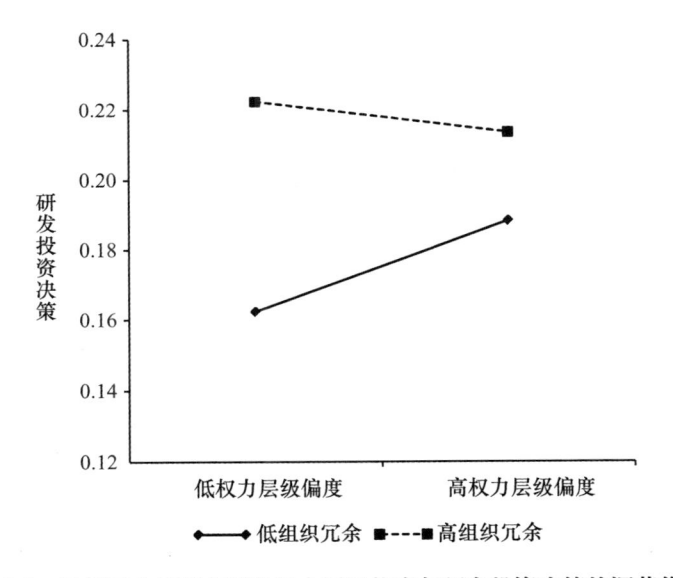

图 6.4　组织冗余对创业团队权力层级偏度与研发投资决策的调节作用

假设 15。新创企业的回归结果见表 6.5。在假设 15 中，本研究提出研发投资决策对新创企业绩效有积极影响。由模型 3 可知，研发投资决策对新创企业绩效有显著的积极作用（$b = 0.05$，$p < 0.01$）。从模型 3 到模型 1，R^2 的变化值为 0.01，说明研发投资决策可以解释 1% 的新创企业绩效变异。在我们的样本中，新创企业绩效发生 1% 的变化代表销售额平均约 9.78 万元的变化。因此，假设 15

得到支持。

表 6.5　　　　　　　子研究三假设 15 和假设 16 检验结果

变量	新创企业绩效			
	模型 1	模型 2	模型 3	模型 4
控制变量				
行业研发密集度	0.01	0.01	0.03	0.03
企业年龄	0.00***	0.00***	0.00***	0.00***
企业规模	-0.02***	-0.02***	-0.02***	-0.02***
团队规模	-0.00	-0.00	-0.00	-0.00
平均权力	-0.00	-0.00	-0.00	-0.00
性别多样性	-0.01	-0.01	-0.01	-0.00
年龄多样性	-0.01	-0.01	-0.01	-0.01
总经理年龄	-0.00	-0.00	-0.00	-0.00
总经理性别	0.01	0.01	0.01	0.01
主效应				
权力层级偏度		0.003**		0.003**
研发投资决策			0.05***	0.05***
R^2	0.13	0.14	0.14	0.15
ΔR^2		0.01	0.01	0.01

注：$N=1277$ 个观测值。** 表示 $p<0.05$；*** 表示 $p<0.01$。表中显示的系数为非标准化的回归系数，年份哑变量已控制。

假设 16。根据 Baron 和 Kenny（1986），二手数据研究的中介效应分析应遵循 3 个步骤：（1）自变量与因变量之间存在显著效应；（2）自变量与中介变量之间存在显著效应；（3）当自变量与中介变量同时进入回归方程之后，中介变量与因变量之间存在显著效应。在假设 12 的检验中，我们已经得知条件（2）得到满足。由模型 2 可知，创业团队权力层级偏度对新创企业绩效有显著的积极作用（$b=0.003$，$p<0.05$），满足条件（1）。此外，当创业团队权力层级偏度与研发投资决策同时进入回归方程之后，由模型 4 可知，研发

投资决策对新创企业绩效有显著的积极作用（$b=0.05$，$p<0.01$），满足条件（3）。因此，假设 16 得到支持。

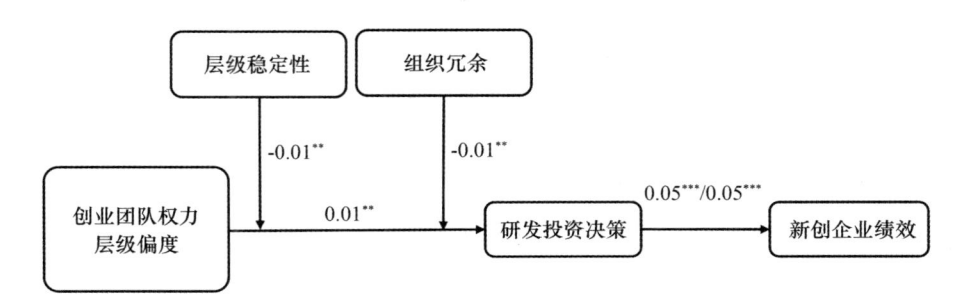

图 6.5　子研究三假设检验结果

注：$N=1277$ 个观测值。** 表示 $p<0.05$；*** 表示 $p<0.01$。图中显示的系数为非标准化的回归系数。

三　稳健性检验

为了检验结果的稳健性，我们又进行了三组补充分析。首先，我们使用研发支出与总资产的比率来衡量研发投资决策。根据以往文献（Kor，2006；Paik & Woo，2017），一些新创企业的销售额非常低且不稳定，可能会因为销售额有限而不是因为大量的研发投资而具有较高的研发强度。相比之下，新创企业的总资产相对稳定，可以更有效地衡量企业规模。因此，我们使用研发支出与总资产的比率作为衡量新创企业研发投资决策的另一种方法，以检验本研究结论的稳健性。具体而言，创业团队权力层级偏度对研发投资决策的效应积极显著（$b=0.01$，$p<0.05$），创业团队权力层级偏度与层级稳定性的交互项对研发投资决策的效应消极显著（$b=-0.01$，$p<0.05$），创业团队权力层级偏度与组织冗余的交互项对研发投资决策的效应消极显著（$b=-0.01$，$p<0.05$），简单效应分析的结果也与我们的预测一致。

其次，我们用创业团队中高权力成员与低权力成员的百分比重新衡量创业团队权力层级的偏度（反向测量）。我们将权力等于或高于团队平均权力的创业团队成员编码为高权力成员,而低于团队平均权力的成员编码为低权力成员。将这一替代的自变量代入上述相同的模型,我们得到的结果与前文中报告的结果基本一致。具体来说,高权力成员与低权力成员比例对研发投资决策的效应消极显著($b = -0.01$,$p < 0.05$),高权力成员与低权力成员比例与层级稳定性的交互项对研发投资决策的效应积极显著($b = 0.01$,$p < 0.05$),高权力成员与低权力成员比例与组织冗余的交互项对研发投资决策的效应积极但不显著($b = 0.001$,无显著差异),简单效应分析的结果也与我们的预测一致。

最后,我们采用了随机效应模型来检验所有的假设。同样地,分析结果与前文中汇报的结果基本一致。具体来说,创业团队权力层级偏度对研发投资决策的效应积极但不显著($b = 0.002$,无显著差异),创业团队权力层级偏度与层级稳定性的交互项对研发投资决策的效应消极显著($b = -0.01$,$p < 0.05$),创业团队权力层级偏度与组织冗余的交互项对研发投资决策的效应为消极且边缘显著($b = -0.0005$,$p < 0.10$),简单效应分析的结果也与我们的预测一致。这些补充分析的结果进一步证实了本研究结论的稳健性。

第五节 讨论与小结

一 主要研究发现

本研究旨在完善我们对创业团队权力层级构型对新创企业绩效的战略决策机制的理解。采用中国创业板上市新创企业的二手数据,我们发现创业团队权力层级构型通过研发投资决策对新创企业绩效有积极影响,并且这种积极效应会随着层级稳定性和组织冗余的降低而增强。这些发现对于相关理论的发展和创业实践都有重要意义。

二 理论意义

基于上述发现，子研究三有以下几点理论意义。首先，我们在探索权力层级强度效应的基础之上，比较了不同的创业团队层级构型（金字塔形与倒金字塔形）对战略决策及新创企业绩效的影响，推动了权力层级相关文献的发展。以往创业团队权力层级研究主要聚焦于对比平等和不平等的权力结构之间的差异（Breugst et al.，2015；Hellmann & Wasserman，2017；Snihur & Zott，2020），通常用二分的哑变量（平等或不平等的权力分布）来简单地刻画创业团队权力层级，因而未能深入区分探讨权力层级的具体构型。此外，传统的权力层级研究和结构权变理论通常假定团队权力层级的结构表现为集中式的金字塔形，其中有价值的资源集中在一个或少数几个成员身上（He & Huang，2011；Smith et al.，2006；Tarakci et al.，2016）。借鉴前沿的权力层级研究文献，我们指出创业团队中可能存在除金字塔形之外的其他权力层级构型（Wellman et al.，2020；Yu et al.，2019）。例如，在某些创业团队中，权力层级表现为倒金字塔形，即大多数成员拥有较高或中等权力，而只有少数成员拥有较低的权力。进一步地，我们对比了不同的权力层级构型对创业团队研发投资决策和新创企业绩效的不同影响。研究结果表明，金字塔形比倒金字塔形的权力层级更有利于促进创业团队做出研发投资决策并提升新创企业绩效。

其次，我们发现了层级稳定性和组织冗余对创业团队权力层级构型与研发投资决策关系的权变作用。在子研究一中，我们主要关注了创业团队构成（职能背景同质性与共同团队经历）和权力持有者的相关特征（过往创业经历）等内部权变因素对创业团队权力层级与新创企业绩效关系的影响。在子研究二中，我们进一步关注了新冠疫情事件强度这一外部权变因素对创业团队权力层级效应的影响。在本研究中，我们综合考虑了创业团队的内外部权变因素。具体来说，层级稳定性捕捉了创业团队本身的特点，而组织冗余刻画了创业团队所在的新创企业环境。特别地，层级稳定性还捕捉了创业团队高度变化、不稳定的特点。这两种权变因素进一步丰富了本研究的结构权变理论视角。

最后，我们识别出了研发投资决策这一战略决策机制在创业团队权力层级构型与新创企业绩效关系之间的中介作用。我们在子研究二发现，对于新创企业而言，相比于利用式学习及平衡二元学习，专注于探索式学习会对新创企业绩效带来显著的积极影响。探索式学习又被称为探索式创新策略（He & Wong，2004），意味着"创新、机会、搜索、变化以及风险"（吴晓波等，2018）。因此，我们在子研究三中选择研发投资决策这一具有高度代表性的探索式创新战略决策，并验证了其在创业团队权力层级构型与新创企业绩效关系之间的中介作用，弥补了子研究二未验证中介效应的不足，进一步丰富了本研究的结构权变理论框架。

三 实践启示

子研究三的发现对于创业团队的权力结构设计具有实践启示。本研究结果表明，为了促进新创企业的研发投资决策，创业团队应该采取正偏的金字塔形而非负偏的倒金字塔形权力层级，即权力尽可能集中于一个核心创始人手中。在创业团队的形成和发展过程中，核心创始人应该保证权力相对集中，这样创业团队才更有可能在充满不确定性和具有高风险的集体决策上达成共识，这对于新创企业的发展至关重要。

此外，创业者在设计团队权力构型时，还应考虑创业团队及新创企业自身的特点。在许多创业团队中，由人员变动或权力更替引起的层级位置变化非常频繁，使创业团队成员感受到高度的不确定性。而且，绝大多数新创企业都面临融资难、资源匮乏等困境，即组织冗余水平较低。本研究结果表明，在上述情境下，创业团队更应确保由少数核心创始人掌握新创企业的话语权，从而有效降低创业团队成员感知到的不确定性，为团队指明清晰的发展方向。

四 局限与展望

除了上述理论和实践贡献，子研究三也存在若干局限，有待未来研究进一步探索。第一，本研究样本中的新创企业均来自同一个国家，欠缺对社会文化和制度环境等因素的考虑，可能会在一定程度上影响本研究的结论。例如，与高权力距离文化情境下的中国创业者相比，西方创业者在集体决策过程中对高权力成员的依赖可能更少（Schwartz，1992）。此外，我们发现在 Hellmann 和 Wasserman（2017）的研究中，1367 个来自美国和加拿大的新创企业样本中有 32% 的创业团队选择平等分布股权。然而在本研究中，363 家创业板新创企业中选择平分股权的比例仅为 10.81%。当采用合成的权力指标时，所有新创企业均采用了不平等的权力结构。这很可能是由于中国新创企业数量的增长速度全球领先，因而拥有更具竞争性的创业环境（UHY GLOBAL，2016）。研究者们发现在充满不确定性的创业环境中，创业团队成员更加偏好决策权力和影响力集中的团队结构，期待核心领导者像主心骨一样，在面临激烈的外部竞争时凝聚团队（Foo et al.，2006；Tzabbar & Margolis，2017）。因此，来自中国的创业团队更偏好集中的权力结构，从而更好地应对不确定性。尽管我们的取样方法与以往的相关研究一致（Jiang et al.，2018；Fernhaber & Li，2013；Li et al.，2012），但未来的研究可以采用来自多个国家的创业团队为样本，从而更好地探究本研究结论的跨文化适用性。

第二，本研究仅关注了来自股权或职位等正式权力产生的层级对创业团队的影响（Breugst et al.，2015）。但是，在新创企业中，创业团队成员的行为也会受到基于专家权力和声望权力等非正式权力层级的影响（Ensley et al.，2006；Snihur & Zott，2020）。虽然正式权力和非正式权力通常会相互转化，但它们是两个相互独立的构念。创业团队成员可能拥有正式权力，而没有非正式权力，反之亦然（Halevy et al.，2011；Magee & Galinsky，2008）。例如，在 Clarysse 和 Moray（2004）研究的创业团队中，虽然由投资者任命的总经理拥有很高的正式权力，但他缺乏非正式权力来影响其他创业团队成员。相反，虽然原来的创始人（技术专家）没有正式权力，但团队成员会将其看作非正式领导。因此，正式权力与非正式权力之间可能存在不匹配的情况，在高度动荡、不可预测的创业情境中尤为如此。今后的研究应考虑正式权力与非正式权力之间的一致性，来检验权力层级对创业团队和新创企业的影响。

第三，我们仅关注了创业团队权力层级对新创企业绩效这一种后果的影响，并采用了销售额增长率来衡量新创企业绩效。然而，Klotz et al.（2014）的研究表明，创业者除了获得经济收益，还有多种其他维度的目标，例如实现自我价值。在文献综述部分，我们也已经发现对于不同维度的团队后果，团队层级可能表现出截然相反的效应。因此，创业团队权力层级可能会促进某种新创企业后果，却阻碍另一种新创企业后果。今后的研究应探讨如何利用多种指标来全面衡量新创企业的后果。例如，创业团队权力层级对新创企业生存、团队成员满意度或离职率的影响（Foo et al., 2006）也值得今后的研究进一步探索。

第七章

综合讨论与结论

　　创业团队权力层级对团队成员之间的内部互动与集体决策有着重要作用，进而显著影响新创企业的经营结果。尽管它已得到实践界和理论界的关注和探讨，但是以往研究主要集中于探索创业团队权力层级的主效应，而忽略了潜在的权变因素，尤其是多种权变因素之间的复合作用对创业团队权力层级与新创企业绩效关系的影响；没有打开创业团队权力层级作用于新创企业绩效的"黑箱"，忽略了创业团队权力层级的权变作用与新创企业绩效之间的过程机制；仅探讨权力层级强度的效应，默认创业团队权力层级结构通常表现为金字塔形，忽略了不同的创业团队权力层级构型可能对战略决策及新创企业绩效带来的影响。为了解决以往研究存在的这些问题，我们基于结构权变理论构建了一个以创业团队权力层级和新创企业绩效为核心的整合性权变概念模型。在这个概念模型中，我们首先提出并发现创业团队权力层级究竟促进还是抑制新创企业绩效取决于其所面临的权变因素。此外，我们还构建并验证了创业团队权力层级作用于新创企业绩效的过程机制，以及创业团队权力层级构型对该权变过程机制的影响。为了检验上述模型，我们开展了三个系列实证研究。我们已经在前文中详细介绍了每个子研究的假设关系及其逻辑，在此我们再次简要地总结上述子研究的发现。基于此，我们将在本章讨论本研究的整体理论贡献与实践启示，反思本研究的不足，并对未来研究提出一些可行的建议。

第一节　主要研究发现

鉴于我们已经在第四至第六章详细报告了本研究假设检验的结果，为避免重复赘述，在这里我们仅总结主要的研究发现。为了便于从整体上了解这些结果，我们在图 7.1 中呈现本研究假设关系检验结果汇总图，并将相应假设关系是否得到支持罗列在表 7.1 中。从中我们可以看出，除了假设 8 和假设 11 有关探索式学习和利用式学习在创业团队权力层级和新冠疫情事件强度的交互与新创企业绩效的关系中起中介作用没有得到支持，绝大部分假设都得到了支持。具体而言，子研究一以来自中国新三板互联网行业的 285 家企业 5 年的二手数据及 16 位创业团队成员的访谈数据为样本，发现当创业团队同质性（职能背景同质性与共同团队经历）低时，创业团队权力层级对新创企业绩效有积极影响；当创业团队同质性高时，创业团队权力层级对新创企业绩效有消极影响。并且，在一个异质（同质）的创业团队中，当权力持有者拥有更多的创业经历时，创业团队权力层级对新创企业绩效的积极（消极）影响会更加强烈。子研究二以来自杭州的 86 家新创企业的 248 位创业团队成员的问卷调查数据为样本，采用轮转法及多来源设计来检验模型中的假设关系，我们发现新冠疫情事件强度调节了创业团队权力层级与探索式学习、利用式学习以及与新创企业绩效之间的关系。当新冠疫情事件强度高时，创业团队权力层级对探索式学习、利用式学习以及新创企业绩效有积极影响；当新冠疫情事件强度低时，创业团队权力层级对探索式学习、利用式学习以及新创企业绩效有消极但不显著的影响。此外，探索式学习和利用式学习均积极影响新创企业绩效。子研究三以来自深圳证券交易所创业板上市的 363 家新创企业 9 年的面板

第七章 综合讨论与结论 145

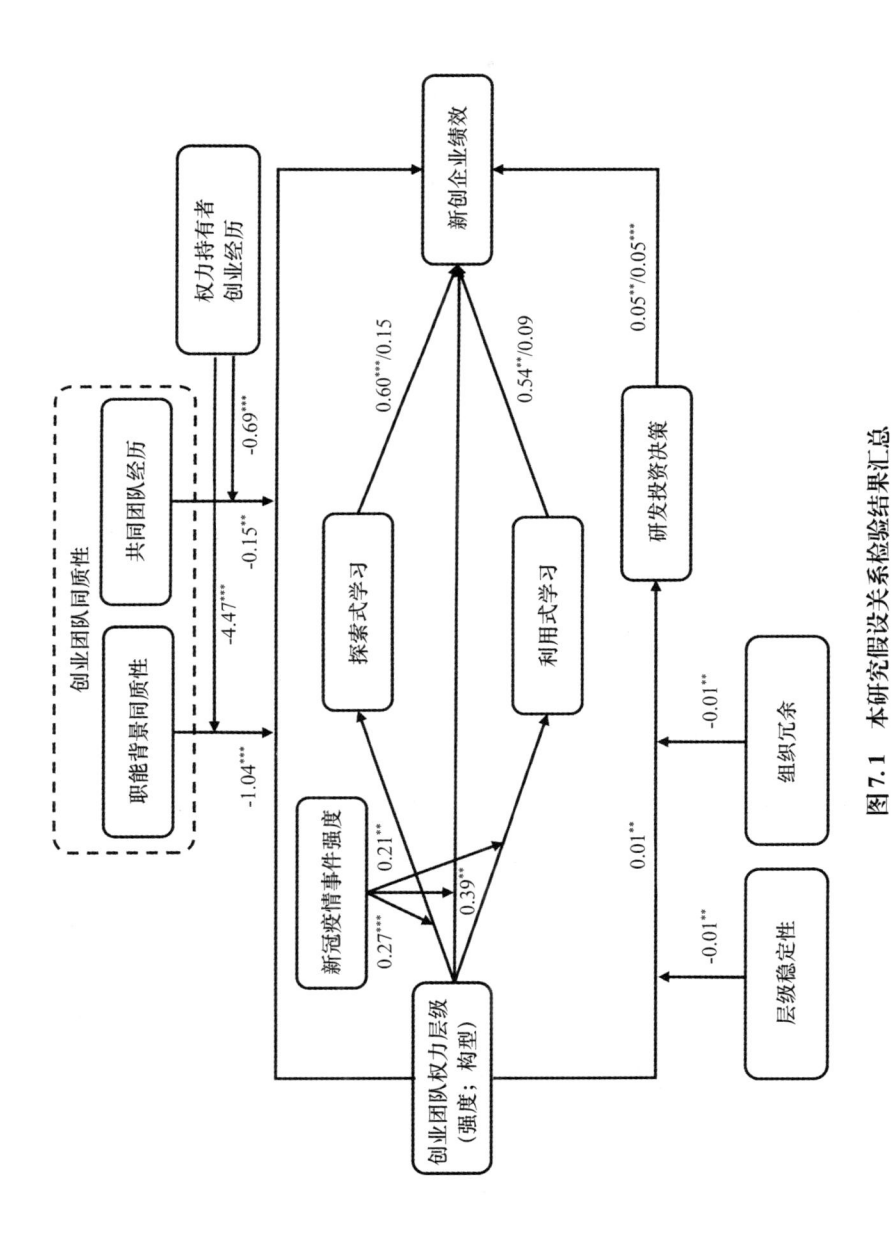

图 7.1 本研究假设关系检验结果汇总

注：** 表示 $p < 0.05$；*** 表示 $p < 0.01$。图中显示的系数为非标准化的回归系数。

表 7.1　　本研究假设关系检验结果汇总

假设关系	子研究一	子研究二	子研究三
假设 1	支持	—	—
假设 2	支持	—	—
假设 3	支持	—	—
假设 4	支持	—	—
假设 5	—	部分支持	—
假设 6	—	部分支持	—
假设 7	—	支持	—
假设 8	—	不支持	—
假设 9	—	部分支持	—
假设 10	—	支持	—
假设 11	—	不支持	—
假设 12	—	—	支持
假设 13	—	—	支持
假设 14	—	—	支持
假设 15	—	—	支持
假设 16	—	—	支持

数据（共计 1277 个观测值）为样本，发现相比于倒金字塔形的权力层级，金字塔形的创业团队权力层级会积极影响新创企业的研发投资决策。并且，这种积极效应会随着层级稳定性和组织冗余的降低而更加强烈。此外，研发投资决策在金字塔形的创业团队权力层级与新创企业绩效之间的关系中起中介作用。

第二节　理论意义

本研究通过构建一个基于结构权变理论的研究框架，探究创业团队权力层级（强度与构型）与新创企业绩效关系的权变因素与过程机制。本研究的主要理论意义有如下几个方面。

第一，本研究探讨了创业团队成员之间的权力分配对新创企业绩效的影响，从而填补了这方面研究的空白。尽管研究者们已经开始关注谁应该掌控新创企业管理中的权力，但据我们所知，目前还很少有研究直接检验创业团队权力层级对新创企业绩效的影响。大部分研究还集中在从代理理论（Jensen & Meckling，1976）和资源依赖理论（Pfeffer & Salancik，1978）等理论视角探究核心创始人与其他高管层之间的权力博弈（所谓创始人的"控制困境"，例如，Hendricks et al.，2019；Wasserman，2017），或者创业团队创始成员与独立外部董事（Kroll et al.，2007）之间的权力分配。这些研究忽视了创业团队是充满高度互依性的群体，权力结构会影响团队成员的互动过程和集体决策，因此是影响创业成功的关键因素（Klotz et al.，2014；Knight et al.，2020）。

尽管某些研究中没有进行直接检验，但其结果表明，创业团队权力层级与新创企业绩效之间可能存在权变的关系。例如，虽然权力通常在创业团队成员中不均等分布（Cooney，2005）或集中在一位核心创业者手中（Ensley et al.，2000），但是所有创业团队成员平分股权或共享领导职位会更好地整合集体智慧（Chen et al.，2017；Ensley et al.，2006；Zhou，2016）。Breugst et al.（2015）发现了创业团队股权差异的双刃剑效应：创业团队不均等的股权分配会降低公平感知进而消极影响团队互动，但会提高集体决策效率。借助结构权变理论（Burns & Stalker，1961；Donaldson，2001）和权力层级文献（Anderson & Brown，2010；Tarakci et al.，2016），本研究对层级化和平等创业团队权力结构的利弊之间的争论做出了贡献。我们认为不存在一种适用于所有创业团队的最佳权力结构，创业团队权力层级对新创企业绩效的影响取决于创业团队的构成和权力持有者的特征。本研究发现了不同团队构成权变因素下创业团队所面临的独特挑战，研究结果表明，当团队容易受到意见冲突（同质性水平较低）的影响时，创业团队权力层级有利于新创企业绩效，但当创业团队缺乏多元观点（同质性水平较高）时，创业团队权力层级不利于新创企业绩效。此外，在特定创业团队构成权变因素下，创业团队权力层级对新创企业绩效的影响也会随着权力持有者的能力（例如，过往创业经历）的提高而增强。

第二，本研究在探索权力层级强度效应的基础之上，比较了不同的创业团队层级构型（金字塔形与倒金字塔形）对战略决策及新创企业绩效的影响，推动了权力层级相关文献的发展。以往创业团队权力层级研究主要聚焦于对比平等和不平等的权力结构之间的差异（Breugst et al., 2015; Hellmann & Wasserman, 2017; Snihur & Zott, 2020），通常用二分的哑变量（平等或不平等的权力分布）来简单地刻画创业团队权力层级，因而未能深入区分探讨权力层级的具体构型。此外，传统的权力层级研究和结构权变理论通常仅关注权力层级的强度，假定团队权力层级的结构表现为集中式的金字塔形，其中有价值的资源集中在一个或少数几个成员身上（He & Huang, 2011; Smith et al., 2006; Tarakci et al., 2016）。借鉴前沿的权力层级研究文献，我们指出创业团队中可能存在除金字塔形外的其他权力层级构型（Wellman et al., 2020; Yu et al., 2019）。例如，在某些创业团队中，权力层级表现为倒金字塔形，即大多数成员拥有较高或中等权力，而只有少数成员拥有较低的权力。进一步地，我们对比了不同的权力层级构型对创业团队研发投资决策和新创企业绩效的不同影响。研究结果表明，金字塔形比倒金字塔形的权力层级更有利于促进创业团队做出研发投资决策并提升新创企业绩效。

第三，本研究丰富了探讨创业团队构成与新创企业绩效关系的研究。过往研究主要集中在探讨创业团队水平维度的多样性（例如，人口统计变量的多样性）的影响上，研究结果表明其对新创企业绩效的影响是积极的（Beckman et al., 2007; Jin et al., 2016）、混合的（Hmieleski & Ensley, 2007）或不显著的（Amason et al., 2006; Chowdhury, 2005）。然而，这些研究忽视了创业团队垂直维度的不平等（例如，权力、地位或领导职位的层级化分布）对新创企业绩效的影响（Ensley et al.，2006；Zhou，2016）。正如 Harrison 和 Klein（2007）所指出的，水平维度的多样性和垂直维度的不平等作为两种团队构成特征，对团队运行均有显著的影响。Bunderson 和 Van der Vegt（2018）还提出，水平维度的多样性和垂直维度的不平等可能会交互影响团队过程和绩效。因此，本研究提出，在关注创业团队构成对新创企业绩效的影响时，研究者们应同时检验水平维度的多样性（例如，职能背景异质性）和垂直维度的不平等（例如，权力层级）及其交互作用的影响。

第四，本研究打开了创业团队权力层级的权变作用与新创企业绩效关系之间的"黑箱"，揭示了探索式学习、利用式学习两种学习过程机制以及研发投资决策这一战略决策机制在其中发挥的作用。如前文所述，以往关于创业团队的研究大多从高阶梯队理论出发，直接把创业团队特征与新创企业后果相关联，而并未揭示这一因果关系之间的作用机制（Beckman，2006；Kroll et al.，2007；McGee et al.，1995）。然而，要获得更加具有理论和实践意义的研究结论以反哺创业管理实践，研究者们不应仅停留在探究创业团队特征与新创企业后果之间的直接效应，而要进一步通过 IMO 框架充分揭示这一效应之中的潜在机制和情境因素（Klotz et al.，2014）。基于结构权变理论、权力层级和双元学习相关文献，本研究设计刻画并实际检验了创业团队权力层级的权变作用如何通过影响团队互动的双元学习和战略决策过程作用于新创企业绩效，为创业团队研究领域从探索直接效应走向揭示过程机制提供了一定程度的证据支持。

第五，本研究拓展了有关结构权变理论（Burns & Stalker，1961；Donaldson，2001）的文献。运用此理论的先前大多数研究都集中在单一权变因素（Dimotakis et al.，2012；Gresov，1989），或者独立检验了多个权变因素的作用（Eesley et al.，2014；Hambrick & Cannella Jr.，2004）。虽然一些研究者已经研究了多个权变因素之间的潜在交互影响（Donaldson，2001；Gresov，1989），但这些研究均基于组织结构取决于情境需求这一前提假定。通过将权力层级文献与结构权变理论相整合，本研究同时考虑到情境需求和成员对团队结构的接受程度，从而为多个权变因素如何交互影响权力结构的适用性提供了更细致的解释。本研究结果表明，职能背景同质性或共同团队经历的构成因素可以确定情境需求，影响创业团队权力层级对新创企业的绩效。权力持有者的能力（例如，过往创业经历）会影响其他成员对核心创业者或权力持有者的顺从，会在特定创业团队构成权变因素下增强权力层级的影响。本研究同时考虑了多个权变因素，更重要的是其相互之间的交互影响，从而丰富了结构权变理论。

第三节　实践意义

本研究发现对于创业管理实践，特别是如何更好地设计创业团队权力结构并从中收获最大效益具有重要的意义。首先，就创业团队股权结构的设计而言，集中的权力结构对创业团队既有利也有弊。在层级分明的权力结构中，创业团队成员非常明确在发生冲突时应听从谁的意见，从而确保集体决策的效率，但这样的权力结构无法充分汇聚来自所有团队成员的多样化观点。为新创企业制定重大战略决策时，集权的创业团队可能会过度依赖权力持有者。创业者在采用层级化的权力结构时应考虑这一问题。例如，虽然季琦对创业团队拥有绝对的控制权，但在制定重大决策时会通过与团队中的每位成员进行一对一交流来集思广益（季琦，2013）。

其次，根据结构权变理论（Burns & Stalker, 1961；Donaldson, 2001），本研究表明，对于所有创业团队来说，没有哪种权力结构是最佳结构；只有当创业团队的权力结构与权变因素相匹配时，新创企业才会达到最佳绩效。如前所述，许多创业者和投资人认为集中的权力结构可以有效解决不同团队成员之间的冲突意见，因此有利于创业团队运行（丛真，2015；季琦，2016；雷军，2019）。但是，根据本研究的发现，上述观点仅在创业团队成员的观点极其异质化（例如，职能背景同质性或共同团队经历较低）的情况下才成立。相反，当创业团队成员的职能背景或特定知识趋向同质化时（例如，职能背景同质性或共同团队经历较高），创业团队取得成功的主要障碍是缺乏多样化的观点而非快速解决冲突，此时平等的权力结构可以更好地解决这一问题。因此，在设计垂直维度的创业团队权力分配时，创业者还应考虑水平维度的团队构成因素，从而确保采用最合适的权力结构。

最后，本研究还表明不同的创业团队权力结构适用于不同事件强度水平下的外部情境。具体而言，在平稳、可预测的环境中，平等的创业团队权力结构更有利于新创企业的学习和发展；相反，在外部事件的高度冲击下，充满不确定性的环境更需要创业团队采取集中式的权力结构，从而有效促进团队的探索式与利用式学习过程。因此，创业团队在设计权力结构时应考虑外部突发性事件的影响，分别设计适用于"平时"与"战时"的不同权力分配方案。

本研究结果对于在创业团队中担任权力持有者的连续创业者也具有重要的启示。他们应该认识到过往创业经历的双刃剑影响，合理利用过往创业经历所积累的相关知识，在复杂而动荡的创业环境中，审慎地评估过往经验是否适用于当下新创企业的管理。具体地，当连续创业者在异质化的创业团队中担任权力持有者时，他/她可以利用过往知识来有效地协调团队中冲突的观点；在同质化的创业团队中，他/她应该鼓励其他创业团队成员充分表达自己的独特观点，从而避免过分依赖自己的过往创业经历。

第四节 局限与展望

尽管本研究发现在理论和实践方面都有若干重要意义，但是也不可避免地存在一些局限，值得后续研究进一步探索。

第一，本研究样本中的新创企业均来自同一个国家，欠缺对社会文化和制度环境等因素的考虑，可能会在一定程度上影响本研究的结论。例如，与高权力距离文化情境下的中国创业者相比，西方创业者在集体决策过程中对高权力成员的依赖可能更少（Schwartz，1992）。此外，我们发现在 Hellmann 和 Wasserman（2017）的研究中，1367 个来自美国和加拿大的样本新创企业中有 32% 的创业团队选择平等分布股权。然而在本研究中，子研究一的 285 家新三板互联网新创企业样本中这一比例仅为 7.39%，子研究三的 363 家创业板新创企业中这一比例为 10.81%。可以看出，本研究样本中的新创企业选择平分股权的比例远远低于西方新创企业。这很可能是由于中国新创企业数量的增长速度全球领先，因而拥有更具竞争性的创业环境（UHY GLOBAL，2016）。研究者们发现在充满不确定性的创业环境中，创业团队成员更加偏好决策权力和影响力集中的团队结构，期待核心领导者像主心骨一样，在面临激烈的外部竞争时凝聚团队（Foo et al.，2006；Tzabbar & Margolis，2017）。因此，来自中国的创业团队更偏好集中的权力结构，从而更好地应对不确定性。尽管本研究的取样方法与以往的相关研究一致（Jiang et al.，2018；Fernhaber & Li，2013；Li et al.，2012），但未来的研究可以采用来自多个国家的创业团队为样本，从而更好地探究本研究结论的跨文化适用性。

第二，本研究仅关注了来自股权或职位等正式权力产生的层级对创业团队的影响（Breugst et al.，2015）。但是，在新创企业中，创业团队成员的行为也会受到基于专家权力和声望权力等非正式层级的影响（Ensley et al.，2006；Snihur & Zott，2020）。虽然正式权力和非正式权力通常会相互转化，但它们是两个相互独立的构念。创业团队成员可能拥有正式权力，而没有非正式权力，反之亦然（Halevy et al.，2011；Magee & Galinsky，2008）。例如，在 Clarysse 和 Moray（2004）研究的创业团队中，虽然由投资者任命的总经理拥有很高的正式权力，但他缺乏非正式权力来影响其他创业团队成员。相反，虽然原来的创始人（技术专家）没有正式权力，但团队成员会将其看作非正式领导。因此，正式权力与非正式权力之间可能存在不匹配的情况，在高度动荡、不可预测的创业情境中尤为如此。今后的研究应考虑正式权力与非正式权力之间的一致性，来检验权力层级对创业团队和新创企业的影响。

第三，本研究没有考虑创业团队权力的分配过程。根据权力层级相关文献，团队中的权力分布是正当合理的，即权力层级的合法性，会对权力层级的效应产生显著的影响（Halevy et al.，2011）。当权力层级合法性高时，权力层级可以促进团队协调；相反，当权力层级合法性低时，权力层级则会引发团队内部的权力争夺。Wasserman（2017）指出风险投资人通常会详细询问创业团队分配股权的过程，试图了解其中的细节，比如是如何分配的，有哪些考虑因素。如果平均分配，是为了避免纠纷，还是因为大家综合能力相当等。著名投资人丛真（2015）提到，"创业团队成员一开始要沟通充分，根据每个人在团队中的位置、贡献和地位分配股权，不要不好意思，会为以后埋下隐患"。今后的研究在检验权力层级对创业团队和新创企业的影响时应同时考虑权力层级的分配过程及合法性。

第四，本研究仅关注了创业团队权力层级对新创企业绩效这一种后果的影响。在子研究一中，我们采用了资产收益率和股本回报率来衡量新创企业绩效；在子研究二中，我们采用了主观量表来测量新创企业在销售额增长、市场占有率增长、利润增长及员工数量增长四个方面的绩效表现；在子研究三中，我们采用了销售额增长率来衡量新创企业绩效。虽然我们获得了一致的结论，即创业团队权力层级与新创企业绩效之间存在权变的关系，但这些指标不足以完全涵盖新创企业的后果。Klotz et al.（2014）的研究表明，创业者除了获得经济收益，还有多种其他维度的目标，例如实现自我价值。在文献综述部分，我们也已经发现对于不同维度的团队后果，团队层级可能表现出截然相反的效应。因此，创业团队权力层级可能会促进某种新创企业后果，却阻碍另一种新创企业后果。今后的研究应探讨如何利用多种指标来全面衡量新创企业的后果，例如，创业团队权力层级对新创企业生存、团队成员满意度或离职率的影响（Foo et al.，2006）。

第五，与现有的团队层级研究一致，本研究采用静态的研究范式，将创业团队权力层级看作一种稳定不变的结构属性，探索其在一个阶段内对团队过程及后果产生的影响。然而，Ilgen 等（2005）提出，这种传统的 IMO 框架只关注了单一循环内的线性因果关系，忽略了团队的发展演进过程中反馈闭环的作用，即前一阶段的团队后果（O）很可能会影响下一阶段的前因变量（I），形成一种 IMOI 的环形回路因果关系。因此，我们建议未来研究采用 IMOI 范式来弥补传统的 IMO 模型的不足，从而全面刻画权力层级的动态长期影响。例如，Magee 与 Galinsky（2008）提出权力和地位层级只有在特定的状态下才会维持稳定不变，当面临外部变革时，原有的层级次序则会被削弱和打破。未来研究可以应用 IMOI 框架来揭示权力层级的这一动态演化过程：常规状态下，当权力层级为团队带来积极的后果时，现阶段高水平的团队绩效和满意度是否会加强团队内成员对高权力个体的顺从，从而提升下一阶段的权力层级的强度与合法性，造成权力层级的自我强化；当团队遭遇技术变革等外部威胁的冲击，原有的权力层级结构失去效用时，团队成员是否会在绩效接连下滑的困境中质疑团队内高权力成员的领导，减少对他们的依赖和顺从，从而使团队下一阶段的权力结构变得更加扁平。

第六，本研究采用了 Klotz et al.（2014）的关于创业团队的定义，即创业团队是指由对新创企业的战略决策和经营管理负责的几位核心管理者所组成的团队。尽管这是相似研究情境下被广泛使用的一种创业团队定义，但是根据 Knight et al.（2020）针对近 10 年创业团队领域的文献综述，来自组织行为、战略及金融等不同学科领域和理论关注点的研究者对创业团队的定义不尽相同，因而会影响研究结论的适用性。例如，不同学者对于创业团队的定义中，成员拥有股权的程度不同。在一些研究者的定义中，只有拥有新创企业一定比例以上的股权（例如，10%，Ucbasaran et al.，2003）的成员才可以被认定为创业团队成员，本研究采用的定义中则未做此限制（De Jong et al.，2013；Klotz et al.，2014）。此外，关于创业团队成员战略决策的自主权，在一些定义中，创业团队成员仅仅需要参与新创企业的战略决策（Grandi & Grimaldi，2003；Lazar et al.，2020；Misganaw，2018），而本研究的定义则强调只有能够对新创企业的经营决策产生重大影响的成员才可以被认定为创业团队成员（Ensley et al.，2000；Klotz et al.，2014），从而排除了那些仅出资入股而并未参与新创企业实际运营的成员。可见，由于不同学者对于创业团队的定义存在显著差异，本研究结论的适用性有待未来研究者在不同的创业团队情境下进一步检验。

　　第七，本研究在方法上也存在一定局限。在子研究一和子研究三中，我们采用了二手数据的面板回归分析来检验所提出的假设。虽然我们补充了多组稳健性检验来确保研究结论的可靠性，但是这一研究方法仍然可能存在潜在的内生性问题，进而对研究中的因果推论造成影响。在子研究二的现场问卷研究中，尽管我们采用了不同源的设计，但是所有的变量测量均在同一时间点进行，这一截面设计会影响本研究结论的稳健性。综上所述，我们建议未来研究可以考虑多轮纵向问卷、访谈或实验的方法，从而更好地研究创业团队权力层级与新创企业绩效之间的因果关系。

第五节　本书结论

首先，本研究从结构权变理论视角来深入研究创业团队权力层级对新创企业绩效的影响。本研究表明，考虑在创业团队成员之间集中还是平等分配权力时，创业团队应考虑权力持有者的能力（例如，过往创业经历）、创业团队同质性（例如，职能背景同质性和共同团队经历）、层级稳定性以及组织冗余、新冠疫情事件强度等内外部权变因素所起到的关键性作用。其次，本研究揭示了探索式学习、利用式学习两种学习过程机制以及研发投资决策这一战略决策机制在创业团队权力层级的权变作用与新创企业绩效关系之间起到的中介作用。最后，本研究还发现相比于倒金字塔形的权力层级，金字塔形的权力层级会对创业团队研发投资决策进而对新创企业绩效产生积极影响，并且这种积极效应会随着层级稳定性和组织冗余的降低而增强。本研究为创业团队、权力层级及结构权变理论的发展提供了启示，并为创业者、投资者和利益相关者管理和评价新创企业提供了有价值的建议。

附录 1　子研究一:访谈提纲

受访对象:公司总经理及 2—3 位高管成员;

预计时长:每人约 30 分钟。

1. 请举例说明,公司的重大经营决策通常是如何制定的?

2. 在制定公司重大经营决策时,如果管理层内部出现意见分歧,通常如何解决?

3. 高管成员在公司重大经营决策中的话语权受到哪些因素的影响?

4. 股权在高管团队决策中起到什么影响?股权分配受到哪些因素的影响?您对当前的股权分配方案有什么看法?

5. 职位在高管团队决策过程中起到什么影响?职位分配受到哪些因素的影响?

6. 您认为高管团队目前的决策方式高效吗?

7. 您认为目前的团队决策方式能够充分整合高管成员们的观点吗?

如果权力持有者是连续创业者,还包括以下问题:

对权力持有者:

8. 请您简单介绍一下之前的创业经历;您觉得这些经历对当前的企业经营管理有哪些影响?

对其他高管团队成员:

9. 在高管团队集体决策过程中,X 总(权力持有者)扮演什么样的角色？

10. 您认为 X 总（权力持有者）之前的创业经历对当前的企业经营管理有哪些影响？

附录2　子研究二:问卷测量

权力：以下的问题是关于您所在创业团队中每一位同事的权力，即"他/她对重要资源的掌控，有能力让他人实施自己的意愿"。请您根据每位同事的具体情况填答，并在右边适当的数字上打钩。

同事姓名	我认为该同事在团队中的权力				
	非常小	较小	中等	较大	非常大
	1	2	3	4	5
	1	2	3	4	5
	1	2	3	4	5
	1	2	3	4	5
	1	2	3	4	5
	1	2	3	4	5
	1	2	3	4	5

新冠疫情事件强度：

请阅读下列陈述，判断这些陈述在多大程度上适用于您所在的创业团队过去一年应对新冠肺炎疫情带来的影响，并根据符合程度勾选最恰当的数字选项：	完全不符	不符合	有点不符	很难说	有点符合	符合	完全符合
疫情发生后，我们有相应的规则、程序或者指南来予以应对	1	2	3	4	5	6	7
我们可以依靠既有的程序与措施来应对疫情	1	2	3	4	5	6	7
我们有易于理解的程序步骤去应对疫情	1	2	3	4	5	6	7
我们有清晰可知的方法去应对疫情	1	2	3	4	5	6	7

探索式学习：

在过去的一年里，您所在的创业团队在多大程度上参与了与以下工作相关的活动：（如果不足一年，则请依据您创立或加入公司至今来评估）	从不	偶尔	有时	频繁	总是
引进全新的产品或服务	1	2	3	4	5
拓展全新的产品或服务范围	1	2	3	4	5
进入全新的技术领域	1	2	3	4	5
开发全新的市场	1	2	3	4	5

利用式学习：

在过去的一年里，您所在的创业团队在多大程度上参与了与以下工作相关的活动：（如果不足一年，则请依据您创立或加入公司至今来评估）	从不	偶尔	有时	频繁	总是
提高现有产品或服务的质量	1	2	3	4	5
提高当前业务的灵活性	1	2	3	4	5
降低现有产品或服务成本	1	2	3	4	5
提高现有产品或服务的产出和降低能耗	1	2	3	4	5

新创企业绩效：

在过去的一年里，您的公司：（如果不足一年，则请依据您创立或加入公司至今来评估）	完全不符	不符合	有点不符	很难说	有点符合	符合	完全符合
与行业内的其他竞争对手相比，本公司的销售额增长要高得多	1	2	3	4	5	6	7
与行业内的其他竞争对手相比，本公司的市场占有率增长要高得多	1	2	3	4	5	6	7
与行业内的其他竞争对手相比，本公司的利润增长要高得多	1	2	3	4	5	6	7
与行业内的其他竞争对手相比，本公司的员工数量增长要高得多	1	2	3	4	5	6	7

参考文献

陈仕华、张瑞彬：《董事会非正式层级对董事异议的影响》，《管理世界》2020 年第 10 期。

胡琼晶、谢小云：《团队成员地位与知识分享行为：基于动机的视角》，《心理学报》2015 年第 4 期。

季浩、谢小云、肖永平、甘小乐、冯雯：《权力层级与团队绩效关系：权力与地位的一致与背离》，《心理学报》2019 年第 3 期。

李长娥、谢永珍：《董事会权力层级、创新战略与民营企业成长》，《外国经济与管理》2017 年第 12 期。

刘东、刘军：《事件系统理论原理及其在管理科研与实践中的应用分析》，《管理学季刊》2017 年第 2 期。

王凤彬、陈建勋、杨阳：《探索式与利用式技术创新及其平衡的效应分析》，《管理世界》2012 年第 3 期。

吴晓波、赵子溢、刘自升：《二元学习与创新绩效的作用机制——组织内部协作网络的调节作用》，《浙江大学学报》（人文社会科学版）2018 年第 3 期。

武立东、薛坤坤、王凯：《非正式层级对董事会决策过程的影响：政治行为还是程序理性》，《管理世界》2018 年第 11 期。

朱玥、谢江佩、金杨华、施俊琦：《团队权力分布差异对团队冲突的影响：程序公平和合法性的作用》，《心理学报》2019 年第 7 期。

丛真：《粉丝问答时间：关于创始团队股权和期权设置的 7 个观点》，https://mp.weixin.qq.com/s/Xaz17ouH8Fwt9OGpxu_WHA。

季琦:《华住酒店 CEO:变革再造竞争力》,https://www.hbrchina.org/2013 - 10 - 08/1562_3.html。

季琦:《季琦:我要过自己想过的生活,不以物喜,不为名累》,https://w.url.cn/s/ASZ81qn。

雷军:《创业如何配置股权》,https://vip.open.163.com/courses/1286? show = catalog。

赵家云:《疫情爆发以来,超 1000 家公司破产,这些公司让人惋惜》,https://tech.hexun.com/2020 - 03 - 25/200750591.html。

周鸿祎:《一个好的创始团队不能超过三个人》,https://t.qianzhan.com/daka/detail/161128 - 17953e07.html。

Adams, J. S., *Inequity in Social Exchange*, in *Advances in Experimental Social Psychology*, Academic Press, 1965.

Aguinis, H., Gottfredson, R. K., Joo, H., "Best-practice Recommendations for Defining, Identifying, and Handling Outliers", *Organizational Research Methods*, Vol. 16, No. 2, 2013.

Aime, F., Humphrey, S., DeRue, D. S., Paul, J. B., "The Riddle of Heterarchy: Power Transitions in Cross-Functional Teams", *Academy of Management Journal*, Vol. 57, No. 2, 2014.

Allison, P. D., "Measures of Inequality", *American Sociological Review*, Vol. 43, No. 6, 1978.

Amason, A. C., Shrader, R. C. & Tompson, G. H., "Newness and Novelty: Relating Top Management Team Composition to New Venture Performance", *Journal of Business Venturing*, Vol. 21, No. 1, 2006.

Anderson, C., Brion, S., "Perspectives on Power in Organizations", *Annual Review of Organizational Psychology and Organizational Behavior*, Vol. 1, No. 1, 2014.

Anderson, C., Brown, C., "The Functions and Dysfunctions of Hierarchy", *Research in Organizational Behavior*, Vol. 30, 2010.

Baron, R. A., Ensley, M. D., "Opportunity Recognition as the Detection of Meaningful Patterns: Evidence from Comparisons of Novice and Experienced Entrepreneurs", *Management Science*, Vol. 52, No. 9, 2006.

Baron, R. M., Kenny, D. A., "The Moderator-mediator Variable Distinction in Social Psychological Research: Conceptual, Strategic, and Statistical Considerations", *Journal of Personality and Social Psychology*, Vol. 51, No. 6, 1986.

Batjargal, B., "The Effects of Network's Structural Holes: Polycentric Institutions, Product Portfolio, and New Venture Growth in China and Russia", *Strategic Entrepreneurship Journal*, Vol. 4, No. 2, 2010.

Beckman, C. M., "The Influence of Founding Team Company Affiliations on Firm Behavior", *Academy of Management Journal*, Vol. 49, No. 4, 2006.

Beckman, C. M., Burton, M. D., O'Reilly, C., "Early Teams: The Impact of Team Demography on VC Financing and Going Public", *Journal of Business Venturing*, Vol. 22, No. 2, 2007.

Beersma, B., Hollenbeck, J. R., Humphrey, S. E., Moon, H., Conlon, D. E., Ilgen, D. R., "Cooperation, Competition, and Team Performance: Toward a Contingency Approach", *Academy of Management Journal*, Vol. 46, No. 5, 2003.

Belgraver, H., Verwaal, E., "Organizational Capital, Production Factor Resources, and Relative Firm Size in Strategic Equity Alliances", *Small Business Economics*, Vol. 50, No. 4, 2018.

Berger, J., Fisek, M., Conner, T., *Expectation States Theory*, in *Perspective on Sociological Theory*, London: SAGE, 1974.

Bird, M., Andric, M., Hellerstedt, K. M. K., "The Influence of Entrepreneurial Teams' Structural Power Inequality on Firm Performance", *in Academy of Management Proceedings*, 2020.

Blagoeva, R. R., Mom, T. J., Jansen, J. J., George, G. "Problem-solving or Self-enhancement? A Power Perspective on How CEOs Affect R&D Search in the Face of Inconsistent Feedback", *Academy of Management Journal*, Vol. 63, No. 2, 2020.

Blau, P. M., *Exchange and Power in Social Life*, New Brunswick, NJ: Transaction Books, 1964.

Blau, P. M., *Inequality and Heterogeneity: A Primitive Theory of Social Structure*, New York: Free Press, 1977.

Block, J. H., "R&D Investments in Family and Founder Firms: An Agency Perspective", *Journal of Business Venturing*, Vol. 27, No. 2, 2012.

Bloom, M., "The Performance Effects of Pay Dispersion on Individuals and Organizations", *Academy of Management Journal*, Vol. 42, No. 1, 1999.

Bourgeois, L. J., "On the Measurement of Organizational Slack", *Academy of Management Review*, Vol. 6, No. 1, 1981.

Branch, B., "Research and Development Activity and Profitability: A Distributed Lag Analysis", *Journal of Political Economy*, Vol. 82, No. 5, 1974.

Breugst, N., Patzelt, H., Rathgeber, P., "How Should We Divide the Pie? Equity Distribution and Its Impact on Entrepreneurial Teams", *Journal of Business Venturing*, Vol. 30, No. 1, 2015.

Brislin, R. W., *Translation and Content Analysis of Oral and Written Material*, Methodology, MA: Allyn & Bacon, 1980.

Bunderson, J. S., "Team Member Functional Background and Involvement in Management Teams: Direct Effects and the Moderating Role of Power Centralization", *Academy of Management Journal*, Vol. 46, No. 4, 2003.

Bunderson, J. S., Boumgarden, P., "Structure and Learning in Self-Managed Teams: Why 'Bureaucratic' Teams Can Be Better Learners", *Organization Science*, Vol. 21, No. 3, 2010.

Bunderson, J. S., Reagans, R. E., "Power, Status, and Learning in Organizations", *Organization Science*, Vol. 22, No. 5, 2011.

Bunderson, J. S., Sutcliffe, K. M., "Comparing Alternative Conceptualizations of Functional Diversity in Management Teams: Process and Performance Effects", *Academy of Management Journal*, Vol. 45, No. 5, 2002.

Bunderson, J. S., Van der Vegt, G. S., "Diversity and Inequality in Management Teams: A Review and Integration of Research on Vertical and Horizontal Member Differences", *Annual Review of Organizational Psychology and Organizational Behavior*, Vol. 5, 2018.

Bunderson, J. S., Van der Vegt, G., Cantimur, Y., Rink, F., "Different Views of Hierarchy and Why They Matter: Hierarchy as Inequality or as Cascading Influence", *Academy of Management Journal*, Vol. 59, No. 4, 2016.

Burns, T., Stalker, G. M., *The Management of Innovation*, London: 1961.

Calof, J. L., "The Relationship between Firm Size and Export Behavior Revisited", *Journal of International Business Studies*, Vol. 25, No. 2, 1994.

Cannella Jr, A. A., Shen, W., "So Close and Yet So Far: Promotion Versus Exit for CEO Heirs Apparent", *Academy of Management Journal*, Vol. 44, No. 2, 2001.

Cannella, A. A., Park, J., Lee, H., "Top Management Team Functional Background Diversity and Firm Performance: Examining the Roles of Team Member Colocation and Environmental Uncertainty", *Academy of Management Journal*, Vol. 51, No. 4, 2008.

Cantimur, Y., Rink, F., Van der Vegt, G. S., "When and Why Hierarchy Steepness is Related to Team Performance", *European Journal of*

Work and Organizational Psychology, Vol. 25, No. 5, 2016.

Carpenter, M. A., Fredrickson, J. W., "Top Management Teams, Global Strategic Posture, and the Moderating Role of Uncertainty", *Academy of Management Journal*, Vol. 44, No. 3, 2001.

Carpenter, M. A., Sanders, W. G., "The Effects of Top Management Team Pay and Firm Internationalization on MNC Performance", *Journal of Management*, Vol. 30, No. 4, 2004.

Chen, W. R., "Determinants of Firms' Backward-and Forward-Looking R&D Search Behavior", *Organization Science*, Vol. 19, No. 4, 2008.

Chen, M., Chang, Y., Chang, Y., "The Trinity of Entrepreneurial Team Dynamics: Cognition, Conflicts, and Cohesion", *International Journal of Entrepreneurial Behavior & Research*, Vol. 23, No. 6, 2017.

Chen, T., Li, F., Chen, X. P., Ou, Z., "Innovate or Die: How Should Knowledge-Worker Teams Respond to Technological Turbulence?", *Organizational Behavior and Human Decision Processes*, Vol. 149, 2018.

Chen, W-R., Miller, K. D., "Situational and Institutional Determinants of Firms' R&D Search Intensity", *Strategic Management Journal*, Vol. 28, No. 4, 2007.

Child, J., "Managerial and Organizational Factors Associated with Company Performance-part Ⅱ. A Contingency Analysis", *Journal of Management Studies*, Vol. 12, No. 1 – 2, 1975.

Chowdhury, S., "Demographic Diversity for Building an Effective Entrepreneurial Team: Is It Important?", *Journal of Business Venturing*, Vol. 20, No. 6, 2005.

Christie, A. M., Barling, J., "Beyond Status: Relating Status Inequality to Performance and Health in Teams", *Journal of Applied Psychology*, Vol. 95, No. 5, 2010.

Clarysse, B., Moray, N., "A Process Study of Entrepreneurial Team

Formation: The Case of a Research-Based Spin-off", *Journal of Business Venturing*, Vol. 19, No. 1, 2004.

Cohen, J., Cohen, P., West, S. G., Aiken, L. S., *Applied Multiple Regression/correlation Analysis for the Behavioral Sciences*, Routledge, 2013.

Cohen, W. M., Levinthal, D. A., "Absorptive Capacity: A New Perspective on Learning and Innovation", *Administrative Science Quarterly*, Vol. 35, No. 1, 1990.

Cooney, T. M., "What is an Entrepreneurial Team?", *International Small Business Journal*, Vol. 23, No. 3, 2005.

Cooper, A. C., Folta, T. B., Woo, C., "Entrepreneurial Information Search", *Journal of Business Venturing*, Vol. 10, No. 2, 1995.

Curşeu, P. L., Sari, K., "The Effects of Gender Variety and Power Disparity on Group Cognitive Complexity in Collaborative Learning Groups", *Interactive Learning Environments*, Vol. 23, No. 4, 2015.

Dawson, J. F., "Moderation in Management Research: What, Why, When, and How", *Journal of Business and Psychology*, Vol. 29, No. 1, 2014.

De Jong, A., Song, M., Song, L. Z., "How Lead Founder Personality Affects New Venture Performance: The Mediating Role of Team Conflict", *Journal of Management*, Vol. 39, No. 7, 2013.

De Kwaadsteniet, E. W., Van Dijk, E., "Social Status as a Cue for Tacit Coordination", *Journal of Experimental Social Psychology*, Vol. 46, No. 3, 2010.

De Vries, H., Stevens, J. M. G., Vervaecke, H., "Measuring and Testing the Steepness of Dominance Hierarchies", *Animal Behaviour*, Vol. 71, No. 3, 2006.

Deutsch, Y., Keil, T., Laamanen, T., "A Dual Agency View of Board Compensation: The Joint Effects of Outside Director and CEO

Stock Options on Firm Risk", *Strategic Management Journal*, Vol. 32, No. 2, 2011.

Dierickx, I., Cool, K., "Asset Accumulation and Sustainability of Competitive Advantage", *Management Science*, Vol. 35, No. 12, 1989.

Dimotakis, N., Davison, R. B., Hollenbeck, J. R., "Team Structure and Regulatory Focus: The Impact of Regulatory Fit on Team Dynamic", *Journal of Applied Psychology*, Vol. 97, No. 2, 2012.

Donaldson, L., *The Contingency Theory of Organizations*, Sage: Thousand Oaks, CA, 2001.

Doyle, S., Chung, S., Lount, R. B., Swaab, R. I., "Intra-team Hierarchy Triggers Inter-team Competition: The Impact of Hierarchy on Team Negotiations", in *Academy of Management Proceedings*, No. 1, 2020.

Driscoll, J. C., Kraay, A. C., "Consistent Covariance Matrix Estimation with Spatially Dependent Panel Data", *Review of Economics and Statistics*, Vol. 80, No. 4, 1998.

Duffield, C., Kearin, M., Johnston, J., Leonard, J., "The Impact of Hospital Structure and Restructuring on the Nursing Workforce", *Australian Journal of Advanced Nursing*, Vol. 24, No. 4, 2007.

Eesley, C. E., Hsu, D. H., Roberts, E. B., "The Contingent Effects of Top Management Teams on Venture Performance: Aligning Founding Team Composition with Innovation Strategy and Commercialization Environment", *Strategic Management Journal*, Vol. 35, No. 12, 2014.

Emerson, R. M., "Power-dependence Relations", *American Sociological Review*, Vol. 27, No. 1, 1962.

Enders, C., Tofghi, D., "Centering Predictor Variables in Cross-Sectional Multi-Level Models: A New Look at an Old Issue", *Psychological Methods*, Vol. 12, No. 2, 2007.

Ensley, M. D., Carland, J. W., Carland, J. C., "Investigating the Existence of the Lead Entrepreneur", *Journal of Small Business Man-*

agement, Vol. 38, No. 4, 2000.

Ensley, M. D., Hmieleski, K. M., Pearce, C. L., "The Importance of Vertical and Shared Leadership within New Venture Top Management Teams: Implications for the Performance of Startups", *The Leadership Quarterly*, Vol. 17, No. 3, 2006.

Ensley, M. D., Pearson, A. W., Sardeshmukh, S. R., "The Negative Consequences of Pay Dispersion in Family and Non-Family Top Management Teams: An Exploratory Analysis of New Venture, High-Growth Firms", *Journal of Business Research*, Vol. 60, No. 10, 2007.

Evans, K., Sanner, B., "When Hierarchy Falls Flat: Temporal Changes in Hierarchy and When They Harm Performance", In *Academy of Management Proceedings*, 1: 13199, Briarcliff Manor, NY 10510: Academy of Management, 2019.

Ferguson, A. J., Cohen, L. E., Burton, M. D., Beckman, C. M., "Misfit and Milestones: Structural Elaboration and Capability Reinforcement in the Evolution of Entrepreneurial Top Management Teams", *Academy of Management Journal*, Vol. 59, No. 4, 2016.

Fernhaber, S. A., Li, D., "International Exposure through Network Relationships: Implications for New Venture Internationalization", *Journal of Business Venturing*, Vol. 28, No. 2, 2013.

Festinger, L., "A Theory of Social Comparison Processes", *Human Relations*, Vol. 7, No. 2, 1954.

Finkelstein, S., "Power in Top Management Teams: Dimensions, Measurement, and Validation", *Academy of Management Journal*, Vol. 35, No. 3, 1992.

Foo, M. D., Sin, H. P., Yiong, L. P., "Effects of Team Inputs and Intrateam Processes on Perceptions of Team Viability and Member Satisfaction in Nascent Ventures", *Strategic Management Journal*, Vol. 27, No. 4, 2006.

Fredrickson, J. W., "The Comprehensiveness of Strategic Decision Processes: Extension, Observations, Future Directions", *Academy of Management Journal*, Vol. 27, No. 3, 1984.

Fredrickson, J. W., Davis-Blake, A., Sanders, W. G., "Sharing the Wealth: Social Comparisons and Pay Dispersion in the CEO's Top Team", *Strategic Management Journal*, Vol. 31, No. 10, 2010.

Freeman, L. C., "Centrality in Social Networks Conceptual Clarification", *Social Networks*, Vol. 1, No. 3, 1978.

French, J. R., Raven, B., Cartwright, D., "The Bases of Social Power", *Classics of Organization Theory*, Vol. 7, 1959.

Frenkel-Brunswik, E., "Intolerance of Ambiguity as an Emotional and Perceptual Personality Variable", *Journal of Personality*, Vol. 18, 1949.

Friesen, J. P., Kay, A. C., Eibach, R. P., Galinsky, A. D., "Seeking Structure in Social Organization: Compensatory Control and the Psychological Advantages of Hierarchy", *Journal of Personality and Social Psychology*, Vol. 106, No. 4, 2014.

Gawande, A., *The Checklist Manifesto: How to Get Things Right*, New York, NY: Metropolitan Books, 2010.

Geletkanycz, M., Hambrick, D., "The External Ties of Top Executives: Implications for Strategic Choice and Performance", *Administrative Science Quarterly*, Vol. 42, No. 4, 1997.

George, G., "Slack Resources and the Performance of Privately Held Firms", *Academy of Management Journal*, Vol. 48, No. 4, 2005.

Gersick, C. J. G., Hackman, J. R., "Habitual Routines in Task-performing Groups", *Organizational Behavior and Human Decision Processes*, Vol. 47, No. 1, 1990.

Gil, E., 2017, Unequal Cofounders (http://blog.eladgil.com/2017/08/unequal-cofounders.html, 2020.07.10.).

Gini, C., "On the Measure of Concentration with Special Reference to Income and Statistics", *Colorado College Publication*, Vol. 208, No. 1, 1936.

Grandi, A., Grimaldi, R., "Exploring the Networking Characteristics of New Venture Founding Teams", *Small Business Economics*, Vol. 21, No. 4, 2003.

Greer, L. L., Van Kleef, G. A., "Equality Versus Differentiation: The Effects of Power Dispersion on Group Interaction", *Journal of Applied Psychology*, Vol. 95, No. 6, 2010.

Greer, L. L., De Jong, B. A., Schouten, M. E., Dannals, J. E., "Why and When Hierarchy Impacts Team Effectiveness: A Meta-Analytic Integration", *Journal of Applied Psychology*, Vol. 103, No. 6, 2018.

Greer, L. L., Van Bunderen, L., Yu, S., "The Dysfunctions of Power in Teams: A Review and Emergent Conflict Perspective", *Research in Organizational Behavior*, Vol. 37, 2017.

Gresov, C., "Effects of Dependence and Tasks on Unit Design and Efficiency", *Organization Studies*, Vol. 11, No. 4, 1990.

Gresov, C., "Exploring Fit and Misfit with Multiple Contingencies", *Administrative Science Quarterly*, Vol. 34, No. 3, 1989.

Greve, H., *Organizational Learning from Performance Feedback: A Behavioral Perspective on Innovation and Change*, Cambridge, England: Cambridge University Press, 2003.

Greve, H. R., Mitsuhashi, H., "Power and Glory: Concentrated Power in Top Management Teams", *Organization Studies*, Vol. 28, No. 8, 2007.

Hair, J. F., Black, W. C., Babin, B. J., Anderson, R. E., Tatham, R. L., *Multivariate Data Analysis* (6th ed.), NJ: Pearson, 2006.

Haleblian, J., Finkelstein, S., "Top Management Team Size, CEO

Dominance, and Firm Performance: The Moderating Roles of Environmental Turbulence and Discretion", *Academy of Management Journal*, Vol. 36, No. 4, 1993.

Halevy, N., Chou, E. Y., Galinsky, A. D., Murnighan, J. K., "When Hierarchy Wins: Evidence from the National Basketball Association", *Social Psychological and Personality Science*, Vol. 3, No. 4, 2012.

Halevy, N. Y., Chou, E., Galinsky, A. D., "A Functional Model of Hierarchy: Why, How, and When Vertical Differentiation Enhances Group Performance", *Organizational Psychology Review*, Vol. 1, No. 1, 2011.

Hambrick, D. C., "Upper Echelons Theory: An Update", *Academy of Management Review*, Vol. 32, No. 2, 1995.

Hambrick, D. C., Cannella Jr., A. A., "CEOs Who Have COOs: Contingency Analysis of an Unexplored Structural Form", *Strategic Management Journal*, Vol. 25, No. 10, 2004.

Hambrick, D. C., Finkelstein, S., "Managerial Discretion: A Bridge between Polar Views of Organizational Outcomes", *Research in Organizational Behavior*, Vol. 9, 1987.

Hambrick, D. C., Mason, P., "Upper Echelons: The Organization as a Reflection of Its Top Managers", *Academy of Management Review*, Vol. 9, No. 2, 1984.

Hambrick, D. C., Humphrey, S. E., Gupta, A., "Structural Interdependence within Top Management Teams: A Key Moderator of Upper Echelons Predictions", *Strategic Management Journal*, Vol. 36, No. 3, 2015.

Harrison, D. A., Klein, K. J., "What's the Difference? Diversity Constructs as Separation, Variety, or Disparity in Organizations", *Academy of Management Review*, Vol. 32, No. 4, 2007.

Hausman, J. A. , "Specification Tests in Econometrics", *Econometrica*, Vol. 46, No. 6, 1978.

Hays, N. A. , Bendersky, C. , "Not All Inequality is Created Equal: Effects of Status Versus Power Hierarchies on Competition for Upward Mobility", *Journal of Personality and Social Psychology*, Vol. 108, No. 6, 2015.

He, J. , Huang, Z. , "Board Informal Hierarchy and Firm Financial Performance: Exploring a Tacit Structure Guiding Boardroom Interactions", *Academy of Management Journal*, Vol. 54, No. 6, 2011.

He, Z. L. , Wong, P. K. , "Exploration VS. Exploitation: An Empirical Test of the Ambidexterity Hypothesis", *Organization Science*, Vol. 15, No. 4, 2004.

Hellmann, T. , Wasserman, N. , "The First Deal: The Division of Founder Equity in New Ventures", *Management Science*, Vol. 63, No. 8, 2017.

Hendricks, B. , Howell, T. , Bingham, C. , "How Much do Top Management Teams Matter in Founder-led Firms?", *Strategic Management Journal*, Vol. 40, No. 6, 2019.

Hill, A. D. , Aime, F. , Ridge, J. W. , "The Performance Implications of Resource and Pay Dispersion: The Case of Major League Baseball", *Strategic Management Journal*, Vol. 38, No. 9, 2017.

Hill, C. W. , Snell, S. A. , "External Control, Corporate Strategy, and Firm Performance in Research-intensive Industries", *Strategic Management Journal*, Vol. 9, No. 6, 1988.

Hmieleski, K. M. , Ensley, M. D. , "A Contextual Examination of New Venture Performance: Entrepreneur Leadership Behavior, Top Management Team Heterogeneity, and Environmental Dynamism", *Journal of Organizational Behavior*, Vol. 28, No. 7, 2007.

Hoechle, D. , "Robust Standard Errors for Panel Regressions with Cross-

Sectional Dependence", *The Stata Journal*, Vol. 7, No. 3, 2007.

Hogg, M. A., "A Social Identity Theory of Leadership", *Personality and Social Psychology Review*, Vol. 5, No. 3, 2001.

Hogg, M. A., Sherman, D. K., Dierselhuis, J., Maitner, A. T., Moffitt, G., "Uncertainty, Entitativity, and Group Identification", *Journal of Experimental Social Psychology*, Vol. 43, No. 1, 2007.

Hollenbeck, J. R., Moon, H., Ellis, A. P., West, B. J., Ilgen, D. R., Sheppard, L., ... Wagner Ⅲ, J. A., "Structural Contingency Theory and Individual Differences: Examination of External and Internal Person-team Fit", *Journal of Applied Psychology*, Vol. 87, No. 3, 2002.

Hsu, D. H., "Experienced Entrepreneurial Founders, Organizational Capital, and Venture Capital Funding", *Research Policy*, Vol. 36, No. 5, 2007.

Huckman, R. S., Staats, B. R., Upton, D. M., "Team Familiarity, Role Experience, and Performance: Evidence from Indian Software Services", *Management Science*, Vol. 55, No. 1, 2009.

Ilgen, D. R., Hollenbeck, J. R., Johnson, M., Jundt, D., "Teams in Organizations: From Input-process-output Models to IMOI Models", *Annual Review of Psychology*, Vol. 56, No. 1, 2005.

Jaskiewicz, P., Block, J. H., Miller, D., Combs, J. G., "Founder Versus Family Owners' Impact on Pay Dispersion among Non-CEO Top Managers: Implications for Firm Performance", *Journal of Management*, Vol. 43, No. 5, 2017.

Jayawarna, D., Rouse, J., Kitching, J., "Entrepreneur Motivations and Life Course", *International Small Business Journal*, Vol. 31, No. 1, 2013.

Jensen, M. C., Meckling, W. H., "Theory of the Firm: Managerial Behavior, Agency Costs and Ownership Structure", *Journal of Finan-*

cial Economics, Vol. 3, No. 4, 1976.

Jiang, H., Cannella, A. A., Jiao, J., "Does Desperation Breed Deceiver? A Behavioral Model of New Venture Opportunism", *Entrepreneurship Theory and Practice*, Vol. 42, No. 5, 2018.

Jin, L., Madison, K., Kraiczy, N. D., Kellermanns, F. W., Crook, T. R., Xi, J., "Entrepreneurial Team Composition Characteristics and New Venture Performance: A Meta-analysis", *Entrepreneurship Theory and Practice*, Vol. 41, No. 5, 2016.

Joshi, A., Knight, A. P., "Who Defers to Whom and Why? Dual Pathways Linking Demographic Differences and Dyadic Deference to Team Effectiveness", *Academy of Management Journal*, Vol. 58, No. 1, 2015.

Krackhardt D., "Graph Theoretical Dimensions of Informal Organizations", *Computational Organization Theory*, Vol. 89, No. 112, 1994.

Kaufmann, H., Seidman, D., "The Morphology of Organizations", *Administrative Science Quarterly*, Vol. 15, No. 4, 1970.

Keltner, D., Gruenfeld, D. H., Anderson, C., "Power, Approach, and Inhibition", *Psychological Review*, Vol. 110, No. 2, 2003.

Kenny, D. A., *Interpersonal Perception: A Social Relations Analysis*, New York: Guilford Press, 1994.

Keum, D. D., See, K. E., "The Influence of Hierarchy on Idea Generation and Selection in the Innovation Process", *Organization Science*, Vol. 28, No. 4, 2017.

Klein, K. J., Ziegert, J. C., Knight, A. P., Xiao, Y., "Dynamic Delegation: Shared, Hierarchical, and Deindividualized Leadership in Extreme Action Teams", *Administrative Science Quarterly*, Vol. 51, No. 4, 2006.

Klotz, A. C., Hmieleski, K. M., Bradley, B. H., Busenitz, L. W., "New Venture Teams: A Review of the Literature and Roadmap for Future Research", *Journal of Management*, Vol. 40, No. 1, 2014.

Knight, A. P., Greer, L. L., De Jong, B., "Start-up Teams: A Multidimensional Conceptualization, Integrative Review of Past Research, and Future Research Agenda", *Academy of Management Annals*, Vol. 14, No. 1, 2020.

Ko, E. J., McKelvie, A., "Signaling for More Money: The Roles of Founders' Human Capital and Investor Prominence in Resource Acquisition across Different Stages of Firm Development", *Journal of Business Venturing*, Vol. 33, No. 4, 2018.

Kor, Y. Y., "Direct and Interaction Effects of Top Management Team and Board Compositions on R&D Investment Strategy", *Strategic Management Journal*, Vol. 27, No. 11, 2006.

Kroll, M., Walters, B. A., Le, S. A., "The Impact of Board Composition and Top Management Team Ownership Structure on Post-IPO Performance in Young Entrepreneurial Firms", *Academy of Management Journal*, Vol. 50, No. 5, 2007.

Lazar, M., Miron-Spektor, E., Agarwal, R., Erez, M., Goldfarb, B., Chen, G., "Entrepreneurial Team Formation", *Academy of Management Annals*, Vol. 14, No. 1, 2020.

Lazear, E., Rosen, S., "Rank-order Tournaments as Optimum Labor Contracts", *Journal of Political Economy*, Vol. 89, No. 5, 1981.

Li, H., Zhang, Y., Li, Y., Zhou, L. A., Zhang, W., "Returnees Versus Locals: Who Perform Better in China's Technology Entrepreneurship?", *Strategic Entrepreneurship Journal*, Vol. 6, No. 3, 2012.

Li, J., Zhou, C., Zajac, E. J., "Control, Collaboration, and Productivity in International Joint Ventures: Theory and Evidence", *Strategic Management Journal*, Vol. 30, No. 8, 2009.

Lieberman, M. B., "The Learning Curve, Technology Barriers to Entry, and Competitive Survival in the Chemical Processing Industries", *Stra-

tegic Management Journal, Vol. 10, No. 5, 1989.

Lim, E. N., McCann, B. T., "Performance Feedback and Firm Risk Taking: The Moderating Effects of CEO and Outside Director Stock Options", *Organization Science*, Vol. 25, No. 1, 2014.

Lim, Y. K., Busenitz, L. W., Chidambaram, L., "New Venture Teams and the Quality of Business Opportunities Identified: Faultlines between Subgroups of Founders and Investors", *Entrepreneurship: Theory and Practice*, Vol. 37, No. 1, 2013.

Luan, K., Hu, Q., Xie, X., *Status Effects on Teams*, in the *Wiley Blackwell Handbook of the Psychology of Team Working and Collaborative Processes*, New York: John Wiley & Sons Ltd, 2017.

Luciano, M. M., Bartels, A. L., D'Innocenzo, L., Maynard, M. T., Mathieu, J. E., "Shared Team Experiences and Team Effectiveness: Unpacking the Contingent Effects of Entrained Rhythms and Task Characteristics", *Academy of Management Journal*, Vol. 61, No. 4, 2018.

Magee, J. C., Galinsky, A. D., "Social Hierarchy: The Self-reinforcing Nature of Power and Status", *Academy of Management Annals*, Vol. 2, No. 1, 2008.

Mathieu, J. E., Gallagher, P. T., Domingo, M. A., Klock, E. A., "Embracing Complexity: Reviewing the Past Decade of Team Effectiveness Research", *Annual Review of Organizational Psychology and Organizational Behavior*, Vol. 6, No. 1, 2019.

Mathieu, J., Maynard, M. T., Rapp, T., Gilson, L., "Team Effectiveness 1997 – 2007: A Review of Recent Advancements and a Glimpse into the Future", *Journal of Management*, Vol. 34, No. 3, 2008.

McGee, J. E., Dowling, M. J., Megginson, W. L., "Cooperative Strategy and New Venture Performance: The Role of Business Strategy and Management Experience", *Strategic Management Journal*, Vol. 16,

No. 7, 1995.

Messersmith, J. G., Guthrie, J. P., Ji, Y. Y., Lee, J. Y., "Executive Turnover: The Influence of Dispersion and Other Pay System Characteristics", *Journal of Applied Psychology*, Vol. 96, No. 3, 2011.

Misganaw, B. A., "Why We Know What We Know About Entrepreneurial Teams? Unlocking Implicit Assumptions in Entrepreneurial Team Research", *International Journal of Entrepreneurship and Small Business*, Vol. 33, No. 3, 2018.

Mitchell, R., Boyle, B., Parker, V., Giles, M., Chiang, V., Joyce, P., "Managing Inclusiveness and Diversity in Teams: How Leader Inclusiveness Affects Performance through Status and Team Identity", *Human Resource Management*, Vol. 54, No. 2, 2015.

Mondello, M., Maxcy, J., "The Impact of Salary Dispersion and Performance Bonuses in NFL Organizations", *Management Decision*, Vol. 47, No. 1, 2009.

Morgeson, F. P., Mitchell, T. R., Liu, D., "Event System Theory: An Event-oriented Approach to the Organizational Sciences", *Academy of Management Review*, Vol. 40, No. 4, 2015.

Murphy, G. B., Trailer, J. W., Hill, R. C., "Measuring Performance in Entrepreneurship Research", *Journal of Business Research*, Vol. 36, No. 1, 1996.

Neuberg, S. L., Newsom, J. T., "Personal Need for Structure: Individual Differences in the Desire for Simpler Structure", *Journal of Personality and Social Psychology*, Vol. 65, No. 1, 1993.

Nisula, A. M., Olander, H., Henttonen, K., "Entrepreneurial Motivations as Drivers of Expert Creativity", *International Journal of Innovation Management*, Vol. 21, No. 5, 2017.

Nohria, N., Gulati, R., "Is Slack Good or Bad for Innovation?", *Academy of Management Journal*, Vol. 39, No. 5, 1996.

O'Connell, V., O'Sullivan, D., "The Influence of Lead Indicator Strength on the Use of Nonfinancial Measures in Performance Management: Evidence from CEO Compensation Schemes", *Strategic Management Journal*, Vol. 35, No. 6, 2014.

Oedzes, J. J., Rink, F. A., Walter, F., Van Der Vegt, G. S., "Informal Hierarchy and Team Creativity: The Moderating Role of Empowering Leadership", *Applied Psychology*, Vol. 68, No. 1, 2018.

Oedzes, J. J., Van der Vegt, G. S., Rink, F. A., Walter, F., "On the Origins of Informal Hierarchy: The Interactive Role of Formal Leadership and Task Complexity", *Journal of Organizational Behavior*, Vol. 40, No. 3, 2019.

Paik, Y., Woo, H., "The Effects of Corporate Venture Capital, Founder Incumbency, and Their Interaction on Entrepreneurial Firms' R&D Investment Strategies", *Organization Science*, Vol. 28, No. 4, 2017.

Paik, Y., "Serial Entrepreneurs and Venture Survival: Evidence from US Venture-Capital-Financed Semiconductor Firms", *Strategic Entrepreneurship Journal*, Vol. 8, No. 3, 2014.

Patel, P. C., Cooper, D., "Structural Power Equality between Family and Non-family TMT Members and the Performance of Family Firms", *Academy of Management Journal*, Vol. 57, No. 6, 2014.

Patel, P. C., Li, M., Triana, M. D. C., Park, H. D., "Pay Dispersion among the Top Management Team and Outside Directors: Its Impact on Firm Risk and Firm Performance", *Human Resource Management*, Vol. 57, No. 1, 2018.

Pfeffer, J., Salancik, G. R., *The External Control of Organizations: A Resource Dependence Perspective*, New York: Harper & Row, 1978.

Podsakoff, P. M., MacKenzie, S. B., Podsakoff, N. P., "Sources of Method Bias in Social Science Research and Recommendations on How to Control It", *Annual Review of Psychology*, Vol. 63, 2012.

Podsakoff, P. M., MacKenzie, S. B., Lee, J., Podsakoff, N. P., "Common Method Biases in Behavioral Research: A Critical Review of the Literature and Recommended Remedies", *Journal of Applied Psychology*, Vol. 88, No. 5, 2003.

Preacher, K. J., Selig, J. P., "Advantages of Monte Carlo Confidence Intervals for Indirect Effects", *Communication Methods and Measures*, Vol. 6, No. 2, 2012.

Ridge, J. W., Aime, F., White, M. A., "When Much More of a Difference Makes a Difference: Social Comparison and Tournaments in the CEO's Top Team", *Strategic Management Journal*, Vol. 36, No. 4, 2014.

Ridgeway, C. L., Walker, H. A., *Status Structures*, in *Sociological Perspectives on Social Psychology*, Boston, MA: Allyn & Bacon, 1995.

Robb, A. M., Watson, J., "Gender Differences in Firm Performance: Evidence from New Ventures in the United States", *Journal of Business Venturing*, Vol. 27, No. 5, 2012.

Ronay, R., Greenaway, K., Anicich, E. M., Galinsky, A. D., "The Path to Glory is Paved with Hierarchy: When Hierarchical Differentiation Increases Group Effectiveness", *Psychological Science*, Vol. 23, No. 6, 2012.

Santos, F. M., Eisenhardt, K. M., "Organizational Boundaries and Theories of Organization", *Organization Science*, Vol. 16, No. 5, 2005.

Scherer, F. M., Harhoff, D., "Technology Policy for a World of Skew-Distributed Outcomes", *Research Policy*, Vol. 29, No. 4–5, 2000.

Scherer, F. M., "The Size Distribution of Profits from Innovation", *Annales D'Economie et de Statistique*, Vol. 49, No. 50, 1998.

Schwartz, S. H., *Universals in the Content and Structure of Values: The-*

oretical Advances and Empirical Tests in 20 Countries, in Advances in Experimental Social Psychology, New York: Academic Press, 1992.

Sexton, J. B., Thomas, E. J., Helmreich, R. L., "Error, Stress, and Teamwork in Medicine and Aviation: Cross Sectional Surveys", *BMJ (Clinical Research ed.)*, Vol. 320, No. 7237.

Shan, P., Song, M., Ju, X., "Entrepreneurial Orientation and Performance: Is Innovation Speed a Missing Link?", *Journal of Business Research*, Vol. 69, No. 2, 2016.

Shim, S. H., Livingston, R., Phillips, K. W., Lam, S. S., "The Impact of Leader Eye Gaze on Disparity in Member Influence: Implications for Process and Performance in Diverse Groups", *Academy of Management Journal*, Vol. 64, No. 6, 2021.

Siegel, P. A., Hambrick, D. C., "Pay Disparities within Top Management Groups: Evidence of Harmful Effects on Performance of High-Technology Firms", *Organization Science*, Vol. 16, No. 3, 2005.

Sieweke, J., Zhao, B., "The Impact of Team Familiarity and Team Leader Experience on Team Coordination Errors: A Panel Analysis of Professional Basketball Teams", *Journal of Organizational Behavior*, Vol. 36, No. 3, 2015.

Simons, T., Pelled, L. H., Smith, K. A., "Making Use of Difference: Diversity, Debate, and Decision Comprehensiveness in Top Management Teams", *Academy of Management Journal*, Vol. 42, No. 6, 1999.

Simsek, Z., Jansen, J. J. P., Minichilli, A., Escriba-Esteve, A., "Strategic Leadership and Leaders in Entrepreneurial Contexts: A Nexus for Innovation and Impact Missed?", *Journal of Management Studies*, Vol. 52, No. 4, 2015.

Singh, J. V., "Performance, Slack, and Risk Taking in Organizational Decision Making", *Academy of Management Journal*, Vol. 29, No. 3,

1986.

Slade Shantz, A., Kistruck, G. M., Pacheco, D. F., Webb, J. W., "How Formal and Informal Hierarchies Shape Conflict within Cooperatives: A Field Experiment in Ghana", *Academy of Management Journal*, Vol. 63, No. 2, 2020.

Smith, A., Houghton, S. M., Hood, J. N., Ryman, J. A., "Power Relationships among Top Managers: Does Top Management Team Power Distribution Matter for Organizational Performance?", *Journal of Business Research*, Vol. 59, No. 5, 2006.

Snihur, Y., Zott, C., "The Genesis and Metamorphosis of Novelty Imprints: How Business Model Innovation Emerges in Young Ventures", *Academy of Management Journal*, Vol. 63, No. 2, 2020.

Tarakci, M., Greer, L. L., Groenen, P. J., "When does Power Disparity Help or Hurt Group Performance?", *Journal of Applied Psychology*, Vol. 101, No. 3, 2016.

Tiedens, L. Z., Unzueta, M. M., Young, M. J., "An Unconscious Desire for Hierarchy? The Motivated Perception of Dominance Complementarity in Task Partners", *Journal of Personality and Social Psychology*, Vol. 93, No. 3, 2007.

Tremblay, M., Hill, K., "A Longitudinal Study of Power Dispersion and Upper Management Conflict on Intragroup Conflict", *in Academy of Management Proceedings*, No. 1, 2019.

Trevor, C. O., Reilly, G., Gerhart, B., "Reconsidering Pay Dispersion's Effect on the Performance of Interdependent Work: Reconciling Sorting and Pay Inequality", *Academy of Management Journal*, Vol. 55, No. 3, 2012.

Tzabbar, D., Margolis, J., "Beyond the Startup Stage: The Founding Team's Human Capital, New Venture's Stage of Life, Founder-CEO Duality, and Breakthrough Innovation", *Organization Science*, Vol. 28, No. 5, 2017.

Ucbasaran, D. , Lockett, A. , Wright, M. , Westhead, P. , "Entrepreneurial Founder Teams: Factors Associated with Member Entry and Exit", *Entrepreneurship Theory and Practice*, Vol. 28, No. 2, 2003.

Ucbasaran, D. , Westhead, P. , Wright, M. , "The Extent and Nature of Opportunity Identification by Repeat Entrepreneurs", *Journal of Business Venturing*, Vol. 24, No. 2, 2009.

UHY GLOBAL, Burning Questions: New Hope Springs from World Oil Downturn, https://www.uhy.com/wp-content/uploads/UHYGlobal. Issue-2. May2016. pdf.

Van der Vegt, G. S. , De Jong, S. B. , Bunderson, J. S. , Molleman, E. , "Power Asymmetry and Learning in Teams: The Moderating Role of Performance Feedback", *Organization Science*, Vol. 21, No. 2, 2010.

Wasserman, N. , "The Throne VS. the Kingdom: Founder Control and Value Creation in Startups", *Strategic Management Journal*, Vol. 38, No. 2, 2017.

Wellman, N. , Applegate, J. M. , Harlow, J. , Johnston, E. W. , "Beyond the Pyramid: Alternative Formal Hierarchical Structures and Team Performance", *Academy of Management Journal*, Vol. 63, No. 4, 2020.

West, G. P. , "Collective Cognition: When Entrepreneurial Teams, Not Individuals, Make Decisions", *Entrepreneurship Theory and Practice*, Vol. 31, No. 1, 2007.

Westhead, P. , Ucbasaran, D. , Wright, M. , "Decisions, Actions, and Performance: Do Novice, Serial, and Portfolio Entrepreneurs Differ?", *Journal of Small Business Management*, Vol. 43, No. 4, 2005.

Westphal, J. D. , Bednar, M. K. , "Pluralistic Ignorance in Corporate Boards and Firms' Strategic Persistence in Response to Low Firm Performance", *Administrative Science Quarterly*, Vol. 50, No. 2, 2005.

Woolley, A. W., Gerbasi, M. E., Chabris, C. F., Kosslyn, S. M., Hackman, J. R., "Bringing in the Experts: How Team Composition and Collaborative Planning Jointly Shape Analytic Effectiveness", *Small Group Research*, Vol. 39, No. 3, 2008.

Yang, L., Xu, C., Wan, G., "Exploring the Impact of TMTs' Overseas Experiences on Innovation Performance of Chinese Enterprises", *Chinese Management Studies*, Vol. 13, No. 4, 2019.

Yu, S., Greer, L. L., Halevy, N., Van Bunderen, L., "On Ladders and Pyramids: Hierarchy's Shape Determines Relationships and Performance in Groups", *Personality and Social Psychology Bulletin*, Vol. 45, No. 12, 2019.

Zajac, E. J., Westphal, J. D., "Who Shall Succeed? How CEO/board Preferences and Power Affect the Choice of New CEOs", *Academy of Management Journal*, Vol. 39, No. 1, 1996.

Zhang, L., "Founders Matter! Serial Entrepreneurs and Venture Capital Syndicate Formation", *Entrepreneurship Theory and Practice*, Vol. 43, No. 5, 2019.

Zhang, Y., Qu, H., "The Impact of CEO Succession with Gender Change on Firm Performance and Successor Early Departure: Evidence from China's Publicly Listed Companies in 1997 – 2010", *Academy of Management Journal*, Vol. 59, No. 5, 2016.

Zhang, Y., Wang, H., Zhou, X., "Dare to Be Different? Conformity Versus Differentiation in Corporate Social Activities of Chinese Firms and Market Responses", *Academy of Management Journal*, Vol. 63, No. 3, 2020.

Zheng, C., Ahsan, M., De Noble, A. F., "Entrepreneurial Networking During Early Stages of Opportunity Exploitation: Agency of Novice and Experienced New Venture Leaders", *Entrepreneurship Theory and Practice*, Vol. 44, No. 4, 2020.

Zhou, W. , "When does Shared Leadership Matter in Entrepreneurial Teams: The Role of Personality Composition", *International Entrepreneurship and Management Journal*, Vol. 12, No. 1, 2016.

Zhu, J. , Liao, Z. , Yam, K. C. , Johnson, R. E. , "Shared Leadership: A State-of-the-art Review and Future Research Agenda", *Journal of Organizational Behavior*, Vol. 39, 2018.

索　引

C

层级构型　3，5，7—10，45，48，50，54，116，118，120—124，138—140，143，148

层级强度　3，5，7，17，24，25，45，49，54，55，118，121，139，143，148

层级稳定性　6—8，10，50，54，55，120，121，125，126，129，133，134，137—140，146，156

创新　1，25，26，29，43，54，98，112，119，120，124—128，140

创业　1，2，6，7，9，13，21，26，29，41—43，48，49，52，56—59，61，62，64，65，68，69，75，76，78，80—82，85—91，96，100，114，115，119，124，125，138，141，142，144，147，149—153，157，158

创业团队　1—10，12，21，24，26，29，41—50，52—70，74—76，78，81，82，84—105，108—121，123—130，132—144，146—156，159

创业者　1，2，6，13，29，46，52，56—58，62，86，88—91，119，140—142，147，150—152，154，156，157

D

地位　2，12，16，17，21，22，29，43，48，84，89，117，148，153

地位层级　16，18，20，28，29，154

G

功能障碍主义视角　6，12，

13，16，20—23，25，27，29，42，43，50，57，60，61，95，96，98

功能主义视角　13，20，42，50，57，60，61，95—97，120，125

共同团队经历　9，49，52，58，61—65，68，74—76，78，80，81，87，89，90，96，115，139，144，150，151，156

过往创业经历　49，52，58，62，64，65，69，82，86，87，89—91，139，148，150，151，156

J

结构权变理论　3—9，12，14，27，29，44—47，50，53，54，57，59—62，70，88—90，93—95，98，113，114，116，120，139，140，143，146—150，155，156

L

利用式学习　4，7，10，49，53，94，97—103，105，110—116，140，144，149，151，156，160

Q

权变因素　3—7，9，12，14，27—29，43—46，48—50，52—54，57—62，65，88—91，93—97，115，116，139，140，143，146—150，156

权力　2—10，12，13，16，17，21，22，24，26—29，41—50，52，54—61，63—65，67，76，82，84—92，95，96，99—102，115—125，129，137—143，147，148，150—154，156，159

权力层级　2—10，12，16，22，28，29，41—50，52—67，70，74—76，78，80—82，85—99，101，102，104，105，108—118，120—123，125—130，132—144，146—150，153—156

权力持有者　6，7，9，28，49，52，57—59，61—65，68—70，75，76，78，80—82，85—91，96，115，120，124—127，139，144，147，148，150，151，156—158

S

双元学习　5，7，53，54，94，98，112，114，116，149

T

探索式学习　4，7，10，49，53，94，97—102，105，108—110，112—116，140，144，149，156，160

团队层级　9，12—18，20—29，42，44—49，95，122，142，154

团队构成　27，59，61，88—91，139，147—151

团队绩效　4，18，20，23—25，28，43，53，57，60，61，93，95，96，103，104，116，154

X

新创企业绩效　2—10，29，42—46，48—50，52—67，69，70，74—76，78，80，82，85，87—94，96—99，101，103—105，108，110，112—121，123，127—129，135—140，142—144，146—149，153—156，160

新冠疫情事件　6，7，10，49，53，94，96—102，105，108—112，114—117，139，144，156，159

Y

研发投资决策　5，7，8，10，50，54，55，119—121，124—130，132—140，146，148，149，156

Z

战略决策　2，3，5—7，9，10，41，42，45，50，54，84，86，90，118，121，124，127，138—140，143，148—150，155，156

职能背景同质性　9，49，52，58，61—63，65，68，70，74—76，80，81，87，89，90，96，115，139，144，150，151，156

组织冗余　6—8，10，50，54，55，120，121，126，127，129，134，135，137—140，146，156

后　　记

还记得高三那年虔诚写下的自主招生个人陈述"浙大是我美丽羞涩的梦",一晃眼已在求是园度过了十三载春秋。紫金港的一草一木都见证了我的成长,竺老校长的两个问题陪伴着我走过懵懂的年少绮梦,不断探寻值得自己毕生追求的理想。一路走来,感慨万千。临别之际,我想对所有曾经照亮这段旅程的星光道一声感谢。

感谢我的导师谢小云教授。您对研究精益求精的精神、浓厚的家国情怀和诗意的生活态度都深深地影响了我。您的谆谆教诲我会永远铭记于心,"做个建设者,而不仅仅是个批评者""求其上者得其中,求其中者得其下""世事不难,吾辈何用"……未来的职业生涯中我将继续以您为榜样,成为一个能为他人带来温暖和力量的人。

感谢浙江大学管理学院的师长戚振江、莫申江、斯晓夫、魏江、王颂、许小东、周帆、严进、沈睿对我的关心和帮助,以及海内外的同行专家学者贾良定、井润田、陈晓萍、李福荔、黄智、黄旭、陈国立对我的指点和鼓励。感谢我的良师益友胡琼晶老师,一起和审稿人斗智斗勇的过程让我们结下了珍贵的革命友谊,期待在未来合作更多有趣、有意义的高水平研究。感谢师门的兄弟姐妹王唯梁、栾琨、季浩、凌楚定、左玉涵、何家慧、魏俊杰、方琪、胡巧婷、叶忱璨、阮梦琦对我研究的支持和生活的陪伴,让我感受到团队温暖的力量,祝愿我们都能学有所成,实现心中的梦想。感谢好友陈舒霄、强琰、成倩、胡悦、巫金、章珺多年来的陪伴,因为有你们,漫长的旅程从不孤单。

最后，感谢我的父母从小培养我对学习的热爱，对我每一次重要的人生选择给予充分的自由。感谢我的爱人董枝峰，在我懈怠时提醒我不要忘记自己的梦想，焦虑时宽慰我保持平常心。感谢我可爱的孩子们，那么懂事、纯真，永远崇拜式地相信我，给我战胜一切困难的力量。感谢我的公公婆婆辛勤付出、照料家庭，保护我做研究的时间。所谓完美平衡工作与生活，不过是有人在为我负重前行。

纸短情长，道不尽我心中的感激。长路漫漫，我会怀揣着这份美好一路前行，无所畏惧，去做最幸福的人。

冯　雯

2023 年 10 月于求是园